무한경쟁시대 크리스천 현실주의
교회 밖에서 승리하라

교회 밖에서 승리하라

김종춘 지음

1판 1쇄 발행 2007년 1월 25일
1판 4쇄 발행 2007년 4월 17일

펴낸이 | 김영곤
펴낸곳 | (주)북이십일 21세기북스
책임편집 | 김수연
기획편집 | 이상우, 오원실
영업마케팅 | 최창규, 주현욱, 한경일, 정민영
표지·내지 디자인 | 메시지 디자인

등록번호 | 제10호-1965호
등록일자 | 2005. 5. 6.

주소 | 경기도 파주시 교하읍 문발리 파주출판문화정보산업단지 518-3
전화 | (031) 955-2179 (기획·편집) / (031) 955-2100 (영업)
팩스 | (031) 955-2122
이메일 | book21@book21.co.kr
홈페이지 | www.book21.co.kr

값 10,000원
ISBN 978-89-509-1071-6

이 책의 내용 중 일부 또는 전부를 재사용하시려면 반드시
(주)북이십일의 동의를 얻어야 합니다.
잘못 만들어진 책은 구입하신 서점에서 교환하여 드립니다.

무한경쟁시대
크리스천 현실주의

교회 밖에서 승리하라

21세기북스

추천의 글

강변교회 김명혁 담임목사(한국복음주의협의회 회장)

오늘의 한국교회와 사회를 직시하고 내일을 위해 깊이 고민하는 젊은 후배들을 바라보는 것은 여간 반갑고 기쁜 일이 아니다. 저자는 현실을 분석하고 서술하는 감각이 뛰어나다. 더불어 미래를 설계하고 지향하는 안목이 앞서있다. 특히 저자의 현실분석과 미래설계 중에서 '예리한 현실감각', '치열한 자기훈련', '초월적인 은혜감각', '밑바닥 골짜기 정신'과 같은 키워드들에 마음이 끌린다. 저자는 이 책을 통해 골짜기에 빠진 사람들에게는 희망을 던지며 평지에 머문 사람들에게는 분발을 촉구한다. 특히 부뚜막 강아지처럼 안주하려는 크리스천들에게 치열한 자기훈련과 초월적인 은혜훈련의 길을 제시하고 있다. 이는 세상이란 정글을 이겨내고 하나님의 사냥개 무리로 살아야 한다는 것이다.

더 나아가 저자는 꼭대기를 경험한 사람들에게는 다시 골짜기로 내려가는 십자가 정신을 요구한다. 낮추고 나누고 섬기고 희생하는 십자가 정신의 회복이야말로 교회쇠퇴를 저지하고 다음의 진정한 부흥을 일으킬 수 있는 요인이기 때문이다. 겉만 번지르한 부흥이 아니라 진정한 부흥이 이 땅에 다시 와야 한다. 오직 하나님께서 하실 것이다. 우리의 몫은 진실한 회개, 꾸준한 훈련, 겸손한 희생뿐이다. 오직 하나님께 집중하며 정치력이 아니라 십자가 정신으로 자기시대를 감당해야 한다. 이런 소명을 가진 사람들이 많아진다면 '리바이벌 1907'도 가능할 것이다. 하나님께서 기쁘게 받으시는 하나님의 사람들을 통해 진정한 부흥이 오기 때문이다.

저자는 꼭대기 정신이 아니라 골짜기 정신, 이벤트중심의 대중집회가 아니라 현장중심의 말씀학교를 강조한다. 대규모 정규전이 아니라 소규모 게릴라전을 전국 방방곡곡에서 펼칠 때라고 외친다. 그렇게 해야만 교회가 짠 맛을 내며 정글 같은 현실을 정복하고 하나님의 나라를 심을 수 있겠다는 것이다. 젊은 저자의 안타까운 외침을 하나님께서 들으시고 축복하시기를 바라며 숙독을 권한다.

추천의 글

할렐루야교회 김상복 담임목사

그 동안 활발한 강연과 집필을 통해 크리스천 기업인, 직장인, 청년들로 하여금 경제와 경영에 눈 뜨고 귀 기울이게 해 온 저자가, 이번에는 크리스천의 치열한 자기훈련과 밑바닥 골짜기 정신에 관한 새 책을 내놓았다. 이는 '크리스천 현실주의와 주님의 나라, 그리고 십자가 정신과 교회부흥'에 대해 깊이 인식하게 만든다. 저자는 영적인 지혜와 현실적인 지혜를 겸비한 다니엘과 같은 인재들을 일으켜 주님의 시대로 전환시켜 드리고자 하는 데 이 책의 집필목적을 두고 있다. 한 번 읽기만 해도 신앙과 현실이 재무장될 것이며 그래서 자기시대와 그 이후를 감당하는, 주님의 전사로 거듭나게 될 것이다. 차분하게 일독하길 바란다.

양병무 한국인간개발연구원장(「감자탕교회 이야기」 저자)

이 책의 저자는 주님께 집중하되 예리한 감각까지도 두루 갖춘 크리스천 인재들을 양성해야 한다고 강조한다. 지금과 같은 무한경쟁 시대에서 주님의 뜻을 실현하려면 은혜감각뿐만 아니라 현실감각과 행동감각도 겸비해야 한다는 것이다. 크리스천 개개인의 자기경영과 자기성장을 넘어 교회 지도자의 정신 재무장을 요구한다. 더불어 국가 지도자의 비전 재개발에 대해서도 깊은 관심을 두고있다. 읽기만 해도 주님의 전사로 변모하는 듯하다. 주님의 영광을 드러내면서 세상을 이기는 지혜를 얻고 싶다면, 이 책을 꼭 한 번 읽어보길 추천한다.

추천의 글

이태형 국민일보 종교전문기자

 뜨거운 영성, 날카로운 이성, 그리고 탁월한 현실감각을 두루 갖춘 크리스천이 되기를 원한다면 누구나 이 책을 읽을 필요가 있다. 저자는 주님의 임재를 구하는 현장목회의 치열함 속에서도 '크리스천의 자기경영'에 관한 글쓰기 사역을 꾸준히 병행해 왔다. 믿음과 영성이라는 크리스천의 생각 위에 현실감각과 행동감각을 더해야 한다는 저자의 강조는 오늘을 사는 크리스천이라면 누구나 공감할 것이다.

차례

추천의 글

강변교회 김명혁 담임목사 (한국복음주의협의회 회장)
할렐루야교회 김상복 담임목사
양병무 한국인간개발연구원장(「감자탕교회 이야기」저자)
이태형 국민일보 종교전문기자

1 감은 눈으로 미래를 점치지 말고 눈을 뜨고 현실을 파악하라

꿈에 깡을 더하라 _ 16
상상력에 추진력을 곱하라 _ 26
몸을 사리지 마라 _ 36
현실을 직시하고 실력으로 말하라 _ 50
가난에서 탈출하는 습관 _ 60
차이를 내는 인생 _ 69
생각의 궁기를 벗고 시야를 밝혀라 _ 77
충성하되 표현하여 일류가 되라 _ 86
땅땅거리고 살자 _ 97
생명의 하나님, 경제의 하나님 _ 109

2 실패가 두려워 행동하지 못하면 그 무엇도 얻을 수 없다

피땀으로 적시는 인생과 믿음 _ 118

불 같이 도전하라 _ 127

담장 너머로 모자를 던져라 _ 135

이것이 일꾼이다 _ 147

이것이 군사다 _ 154

날개를 접고 골짜기로 내려가라 _ 161

예수한국의 비결 _ 167

3 특별한 수고 없이 별다른 은혜를 기대하지 마라

폭발적으로 번식시키는 은혜 _ 180
은혜만이 바꾼다 _ 188
주님의 관심을 사로잡아 주인공이 되자 _ 201
믿음을 시도하여 운명을 바꿔라 _ 211
끝까지 신뢰하라 _ 221
주님과 맞장구를 쳐라 _ 229
기도의 배짱을 부려라 _ 234

후기
무한경쟁시대의 크리스천 현실주의_ 240

1

눈을 감고
미래를 점치지 말고
눈을 뜨고
현실을 파악하라

꿈에 깡을 더하라

어느 대학총장은 알타이어계 민족들을 하나로 엮는 '알타이연방'(the United Altaic)에서 우리나라가 주도적인 역할을 해야 한다고 주장한다. 영국이(the United Kingdom) 50여개의 느슨한 영연방을 통해 해가 지지 않는 나라가 될 수 있었고, 미국(the United States) 역시 50여 개의 강한 미연방을 통해 세계를 지배할 수 있게 됐다.

따라서 우리나라는 남북통일을 넘어 일본, 만주, 몽골, 중앙아시아, 터키를 단일권역으로 하는 알타이연방을 엮어나가야 한다는 것이다. 일본민족이 1억 3천만 명, 한민족이 7천만 명, 만주족이 수십만 명, 몽골족이 600만 명이다. 터키족 6천만 명을 비롯해 중앙아시아의 투르크계 민족들, 그러니까 우즈베크족, 카자흐족, 키르기스족, 투르크멘족, 아제르바이잔족을 다 합치면 2억 명이다.

몽골반점이나 알타이어를 공통분모로 하는 알타이어계 민족들을 느슨하게나마 엮어도 대략 4억여 명의 '알타이연방'이 형성되는 셈이다. 우리나라가 이 알타이연방을 주도하는 향후 500년의 청사진을 그려보는 것만으로도 충분히 흥분된다.

가장 토종적인 것이 가장 세계적이라는 말이 있다. 가장 한국적인 것을 발굴하고 발전시켜야 한다. 그것이 세계화의 저변을 장식해야 한다. 향후 100년간 우리나라가 세계에 공헌할 수 있는 가장 한국적인 가치는 무엇인가. 어느 시민단체장은 열린 민족주의가 바탕이 되는 세계 보편가치가 필요하다고 말한다. 다산 정약용의 목민사상, 도산 안창호의 진실정신, 백범 김구의 헌신적인 애국심, 유일한 회장의 투명한 자본주의, 장준하 선생의 실사구시와 같은 열린 민족주의가 저변에 깔리는 자유민주주의 또는 세계화여야 한다는 것이다.

위와 같은 거대담론을 가슴에 품고 세계사를 주관하시는 하나님과 씨름해야 하겠다. 500년 후까지는 아니더라도 사후 100년은 생각하면서 살아야 하지 않겠는가. 그러나 거대담론을 이야기하는 것만큼이나 중요한 것이 바로 자기훈련이다. 하나님의 눈에는 극대와 극소가 같다. 우주론과 양자론, 인터넷과 나노테크놀로지는 크게 다르지 않다. 극대와 극소는 함께 가야 한다.

어느 지방도시에 양복점이 하나 들어섰다. 한국 제일이 되겠다는 뜻으로 '국일'이라는 이름표를 달았다. 경쟁 양복점은 세계 제일이 좋겠다 싶어 '세일'이라는 간판을 걸었다. 셋째 양복점은 그렇다면 우주제일이어야 한다며 '우일'이라고 명명했다. 마지막 양복점 주인은 국

일도, 세일도, 우일도 다 시내에 있으니 시내 제일이면 최고라며 '시일'이라는 이름을 지었다.[1]

일리가 있는 말이다. 교회이름도 제일교회가 제일 많다. 동네제일, 지역제일은 물론 한국제일, 심지어 세계제일이라는 이름도 있다. 그러나 하늘 끝만을 바라봐서는 안 된다. 무엇보다 자기 안을 바라볼 수 있어야 한다. 100년 후 세계 속의 한국을 전망하면서도 현재 자신에 대한 훈련을 게을리 하지 말아야 한다. 자기훈련이란 무엇인가. 감각이 무뎌지지 않도록 하는 것이다. 그렇기 때문에 감각의 날을 예리하게 다듬어야 한다.

우리는 실패하려고 이 세상에 태어나지 않았다. 바르게 잘 돼서 주님께서 주신 뜻을 마음껏 펼쳐야 한다. 그러려면 첫째로 현실감각이 필요하다. 먼 미래까지 갈 것도 없다. 복잡다단한 현실만 잘 파악해도 생존을 넘어 번성할 수 있다. 많은 신앙인들이 둔한 현실감각으로 실패를 맛본다. 더는 영적일 수 없어 보이는 사람인데도 일용할 양식을 위해 고군분투하는 것은 무슨 까닭일까. 감은 눈으로 미래를 점치지 말고 눈을 뜨고 현실을 잘 파악하라. 현실에서는 정글의 법칙이 통한다. 강하고 악하고 야비한 사람이 지배하고 빼앗는다. 그런 사람을 잘 분별해야 한다. 분별력이 곧 성숙이다. 악한 사람, 야비한 사람, 사기꾼, 거짓말쟁이, 게으름뱅이는 제압하든지 피하라. 하지만 현실에서는 사랑의 법칙도 작동한다. 무조건 베풀고 사랑하고 희생하는 사람이 있다. 그런 사람을 만나고 닮아라. 무엇보다 십자가의 주님을 닮아라.

현실은 자본주의 사회다. 진보측에서 비판하는 '미국식 신자유주의'

---

[1] 이어령,「기업과 문화의 충격」(문학사상사. 2003) 31~32면 참조.

를 지지할 생각은 없다. 그 무자비한 양극화의 폐해는 수정돼야 마땅하다. 그럼에도 불구하고 우리의 자본주의 현실을 외면하다가는 낭패를 볼 수밖에 없다. 돈이 전부는 아니지만 돈이 없으면 못 산다. 아끼고 저축해서 확대 재생산해야 한다. 그리고 경쟁사회다. 가만히 있으면 도태된다. 경제신문도 보고 경제뉴스도 듣고 경제서적도 읽으며 평생 학습해야 한다. 모든 계층의 동반성장을 가능하게 하는 복지사회 시스템도 중요하지만, 자본주의 경쟁사회를 내달리는 개개인의 노력도 병행되어야 하는 것이다.

더불어 현실감각의 날을 갈아야 하겠다. "잇사갈 자손 중에서 시세를 알고 이스라엘이 마땅히 행할 것을 아는 두목이 이백 명이니 저희는 그 모든 형제를 관할하는 자며(대상12:32)." 시세를 안다는 것은 시대의 추세, 그러니까 현실을 분별한다는 것이다. 주님을 믿고 주님께 기도하면 현실을 바르게 잘 분별하는 지혜를 주신다. 분별력을 주시라고 기도하라.

둘째로 행동감각이 요구된다. 마음만 먹어서는 안 된다. 움직여야 한다. 입만 다셔서는 안 된다. 요리를 해야 한다. 눈만 껌벅여서는 안 된다. 화살을 당겨야 한다. 하면 되고 안 하면 안 된다. 하고자 하면 길이 열린다. 정주영 현대그룹 창업주는 행동파였다. 누가 안 된다고 하면 꼭 하는 말이 있었다. "이봐, 해 봤어?" 그는 영국에 가서 거북선 지폐를 보여줌으로써 조선업을 시작할 수 있는 차관을 타냈다. 모든 것을 갖추고 시작하려면 할 수 있는 게 없다. 하고자 하면 주님이 길을 열어주신다. 한 쪽 문이 닫혀도 다른 쪽 문이 열린다. 이명박 전 서울시장의 말처럼 단수가 만수를 이긴다. 단순하게 생각하고 과감하게 움직여라. 계획했으면 행동하고 결심했으면 실천하라. "영혼 없는 몸이 죽은 것 같이 행함이 없는 믿음은 죽은 것이니라(약2:26)."

셋째로 은혜감각을 키워야 한다. 윗사람이 아랫사람에게 공짜로 베푸는 것이 은혜다. 은혜를 받으면 인생이 쉽고 빠르게 개선된다. 미군을 따라다니던 구두닦이가 미국에서 공부하고 귀국해 국가 지도자가 되기도 했다. 매장에서 판매하던 말단직원이 손님을 친절하게 모신결과 대량 구매로 이어졌고 사장으로 진급한 경우도 있다. 이렇게 개미처럼 열심히 사는 것도 중요하지만 한 번씩 코끼리의 등을 타고 가는 은혜가 절실하다.

흥남철수 때, 미국 화물선 한 척이 14,000명의 북한 피난민을 월남시켜 살린 적이 있다. 내가 탈 수 있는 코끼리가 내 주변에 있다. 직접 코끼리를 찾아가는 믿음을 실행하라. 코끼리가 열 번, 백 번 퇴짜를 놓더라도 또 찾아가라. 그것이 믿음의 실행이다. 부지런히 얼굴도장을 찍고 꾸준히 신뢰를 쌓아라. 그래서 측근이 되고 심복이 돼라. 무엇보다 은혜의 주님께 그렇게 돼라. "많은 재물보다 명예를 택할 것이요, 은이나 금보다 은총을 더욱 택할 것이니라(잠22:1)." 우리가 믿는 주님과 우리가 가게 될, 주님의 나라가 영원하기에 한시적인 삶에 미련을 두지 말고 영원성을 추구해야 한다. 영원한 주님의 나라를 위해 헌신하며 사후 100년, 500년의 수확까지도 생각하자.

그러나 급선무는 현실감각, 행동감각, 은혜감각의 근육을 키워 자신을 단단히 건축하는 일이다. 자기훈련은 모든 것의 기초요, 영원성의 기초이기 때문이다.

　20년 전쯤, 정부 당국에서 한 공기업에게 서울시 강남구 삼성동 일대의 허허벌판을 사라고 주문했다. 그러나 그 기업은 쓸모없는 땅을 왜 사느냐며 거절했다. 할 수 없이 정부는 한국무역협회에게 매입을 요청했다. 당시 남덕우 회장은 두 말 않고 그 땅을 샀다. 꿈이 있었기 때문이었다.[2]

　그는 자원이 부족한 우리나라가 부강하는 길은 수출증진뿐이라고 생각했다. 해외 바이어가 무역센터빌딩에서 무역상담을 한 후 코엑스 전시장에서 상품을 구매하고 현대백화점에서 선물을 사기를 바랐다. 인터컨티넨털호텔에서 숙식하고 공항터미널에서 국제공항을 향해 떠나는 One-Stop 무역서비스센터 건립을 꿈꾸었던 것이다.

　그의 바람대로 18년 전에 대지면적 5만여 평, 총 건물면적 36만여 평의 삼성동 무역센터가 들어섰다. 현재 무역센터의 상주인구는 5만여 명이고 유동인구는 30만여 명이다. 한 때 한국전력 본사 외에는 변변한 건물이 없었지만 지금은 삼성역에서부터 강남역에 이르는 테헤란로 주변이 빌딩숲으로 뒤덮인 벤처밸리가 됐다. 포스코가 일찌감치 둥지를 튼 데 이어 삼성그룹까지 대규모 사옥을 마련하고 있다.

　재무부 장관, 부총리, 국무총리를 역임한 그는 현재 85세임에도 불구하고 한국선진화포럼 이사장으로 맹활약중이다. 또한 동북아경제포럼 한국위원장으로서 동북아경제 중심으로서의 한국을 꿈꾸고 있다.

　이런 남덕우 회장의 등을 타고 더 크고 놀라운 꿈을 꾸는 사람이 있

---
2) 김종춘, 「크리스천 CEO 스토리 51」(진흥,2002) 153~156면 참조.

다. 남덕우 사단의 일원이라고도 할 수 있는 이환균 인천경제자유구역청 청장이다. 그는 재무부 외자과에 근무할 때부터 외자도입, 제조업 육성, 수출증진을 통한 경제강국을 꿈꾸었다. 재경원 차관, 건설교통부 장관을 역임하고 미국유학을 마치면서 그의 꿈이 더 원대해진 것 같다. 그는 인천경제자유구역을 통한 인천전역의 경제자유화(Free Incheon)에 이어 남한전역의 경제자유화(Free Korea)를 생각한다. 북한에도 인천경제자유구역과 같은 것을 만듦으로써 남북한 통일비용을 극소화하자고 제안한다. 더 나아가 중국의 상하이, 북한의 신의주와 개성, 남한의 인천과 광양, 부산, 그리고 일본의 주요 항구를 잇는 황해경제권을 만들자는 것이다.

그가 꿈꾸는 황해경제권이 형성되면 인구가 12억 명이다. 이는 인구 2억 명 규모의 북미자유무역협정(NAFTA), 4억 명 규모의 유럽연합(EU)을 압도하는 수치다. 미국 지도부는 등소평 이후 중국의 빠른 추격에도 불구하고 미국을 결코 앞지를 수 없을 것으로 낙관하고 있다. 하지만 중국 인구에 대한 압박만큼은 피할 수 없어, 또 하나의 인구대국인 인도와 손을 잡은 것이다. 이런 대세를 감안하면 그가 제시하는 인구 12억 명의 황해경제권이 꿈으로만 머물러서는 안 될 것이다.

그는 장도의 황해경제권으로 이동하기 위해서는 인천경제자유구역부터 성공해야 한다고 본다. 인천경제자유구역은 인천국제공항을 비롯한 4,184만 평의 영종지구, 151층 쌍둥이빌딩을 필두로 하는 1,611만 평의 송도지구, 관광레저단지를 중심으로 하는 538만 평의 청라지구로 구성돼 있다. 6,300만여 평의 인천경제자유구역이 개발만 된다면 5만여 평의 삼성동 무역센터가 1,000여 개 들어서는 셈이다. 시너

지효를 감안하면 천문학적인 경제효과가 창출되는 것이다. 그렇다면 강남, 판교, 분당, 용인으로 이어지는 강남권경제는 머잖아 인천경제권의 배후로 밀려날 게 분명하다.

없는 것을 있게 하시고 안 되는 것을 되게 하시며 광야에 길을 만드시고 반석을 쳐서 강물을 내시는 창조주 하나님 안에서 우리가 꾸지 못할 꿈은 없다. 자신과 집안, 국가와 세계, 무엇보다 영원한 하나님의 나라를 위해 우리는 무한대의 꿈을 꿀 수 있다. "자기 아들을 아끼지 아니하시고 우리 모든 사람을 위하여 내어주신 이가 어찌 그 아들과 함께 모든 것을 우리에게 은사로 주지 아니하시겠느뇨(롬8:32)." 무엇이든지 하실 수 있는 창조주 하나님, 그리고 외아들을 십자가에 내어주신 사랑의 하나님, 이 하나님 안에서 우리가 꾸지 못할 꿈은 없다. 무한대의 꿈을 꿔라. 또한 불멸의 깡도 키워라. 꿈에서 창의력이 나오고 깡에서 추진력이 나온다. 꿈이 그림, 뜻, 목표라면 깡은 근성, 저력, 내공이다. 요셉은 태양까지도 자신에게 절하는 무한대의 꿈을 꾸었지만(창37:9). 혹독한 시련이 뒤따랐다. 하지만 무한대의 꿈에 불멸의 내공이 있었기에(창39:23~40:1) 만민의 생명을 구하는 초특급 CEO가 될 수 있었다(창50:20). 꿈과 깡이 팀워크를 이룰 때 우리는 이 땅에 하나님의 나라를 일구는, 위대한 건축자로 쓰임 받게 될 것이다.

한 청년이 전기 공장에 취직하러 갔다. 인사 담당자는 남루하고 왜소한 그가 탐탁지 않았다. '지금은 사람이 필요하지 않으니 한 달 뒤에 다시 오라며' 돌려보냈다. 그는 한 달 뒤에 다시 찾아갔지만 인사 담당자는 또 다른 핑계를 대며 다음을 기약했다. 그러기를 수차례 반복 했지만 인사담당자는 여전히 '그렇게 형편없는 모습으로는 우리 공장에 들어올 수 없다' 며 그를 거부했다. 그가 돈을 빌려 깔끔하게 차려입고 갔지만 '전기 분야의 전문지식이 없기 때문에 안 되겠다' 며 그를 돌려보냈다. 두 달 후 그는 '전기 분야를 열심히 공부했습니다. 부족하면 차근차근 보충하겠습니다.' 라며 다시 나타났다. 그러자 인사 담당자가 그를 찬찬히 뜯어보며 말했다.

"내가 이 바닥에서 몇 십 년을 일했지만 자네 같은 사람은 처음일세. 두 손 다 들었네."

마쓰시타 고노스케(1894~1989)는 그렇게 취업했고 결국에는 마쓰시타전기의 창업주가 됐다. 그는 여전히 일본인들에게 최고로 존경받는 경영자로 손꼽힌다. 포기하지 않고 끈질기게 자신을 향상시키는 근성, 이것이 성공하는 인생의 기초다.

열심히 하고 싶은데 아무 것도 할 수 없는 형편인가. 그렇다면 더욱 내공을 쌓아야 한다. 이랜드의 박성수 사장은 대학졸업 후 5년간 근육무력증에 시달렸다. 그 상황에서 할 수 있는 일은 수많은 책을 읽고 8개의 신문을 스크랩하는 것이었다. 그는 이때 얻는 방대한 지식 덕분에 이랜드의 급성장을 무리 없이 감당할 수 있었다고 한다.

민들레영토의 지승룡 대표는 원래 목회자였다. 그러나 36세의 이혼한 목회자를 반기는 교회는 없었다. 딱히 할 일이 없었던 그는 도서관에서 신문부터 읽기 시작했다. 그러다 경제, 경영, 창업에 관한 책들을 섭렵했다. 마치 수험생처럼 노트에 메모하면서 재기에 필요한 지식을 습득해 나갔다. 그렇게 3년을 보내면서 그가 읽어낸 책 2,000권은 민들레영토의 창업주를 만드는 원동력이 됐다.[3]

멀리 바라보고 오래 웅크린 새가 드높이 난다. 열린 상황이면 열심히 노력해서 계속 진보를 이뤄야 하고 닫힌 상황이면 미래를 기약하면서 내공을 쌓아야 겠다. "나의 영혼아, 잠잠히 하나님만 바라라. 대저 나의 소망이 저로부터 좇아 나는도다(시62:5)."

꿈의 창의력만 있는 몽상가도 안 되고, 깡의 추진력만 있는 도전가도 안 된다. 꿈과 깡이 함께 움직여야 한다. 꿈과 깡의 추진력이 함께 할 때 이 세상을 변화시키는 주역이 될 것이다. 어떤 환경에서도 꿈을 꾸고 깡을 기르자. 그러면 언젠가는 하나님을 위해 유감없이 역량을 발휘하는 정상의 인생을 살게 될 것이다.

"또 여호와를 기뻐하라. 저가 네 마음의 소원을 이루어 주시리로다. 너의 길을 여호와께 맡기라. 저를 의지하면 저가 이루시고 네 의를 빛같이 나타내시며 네 공의를 정오의 빛같이 하시리로다(시37:4)."

---

3) 김영한 · 지승룡 「민들레영토 희망스토리」(랜덤하우스중앙, 2005) 20~22면 참조.

상상력에 추진력을 곱하라

중국의 내몽고자치구에 위치한 모우스는 중국의 4대 사막 중 하나다. 20년 전, 이곳의 징베이당에 거주하는 가구는 단 하나밖에 없었다. 신랑 바이완샹과 스물에 시집온 인위쩐뿐이었다. 사람은 물론 차나 마차 그 아무것도 없었다. 얼마나 사람이 그리웠으면 지나가는 행인의 발자국이 모래바람에 지워질까봐 그릇을 덮어두고 봤겠는가.

인위쩐의 신혼살림은 작은 토굴에서 시작됐다. 한낮에도 촛불을 켜야 했고 매시간 모래바람과 싸우며 앞마당의 모래를 치워야 했다. 밤낮으로 휘몰아치는 모래바람은 그녀를 도망가고 싶도록 만들었지만 눈물로 붙잡는 신랑을 떠날 수 없었다. 그러던 어느 날 그녀에게 누군가 중국정부로부터 사막 200만 평을 임대받아 나무를 심고 있다는 소식이 들려왔다. '그래 죽더라도 나무를 심다가 죽자.'

그녀는 새벽 3시에 일어나 19km 밖의 묘목장으로 소를 끌고가 나무를 사왔다. 집으로 오다가 모래바람을 만나 파묻혀 소꼬리를 붙잡고 겨우 탈출하기도 했다. 모래바람과 싸우며 사막에 나무를 심느라 첫 아이는 조산했고 둘째 아이는 유산했다. 그렇게 어렵게 얻은 아들을 집 기둥에 묶어두고 홀로 사막으로 나아가 종일 풀씨를 심고 나무를 심었다. 하찮은 잡풀이 그렇게 귀한 줄 몰랐다. 밤새 물통을 지고 물을 뿌렸다.

부드럽던 손이 남자의 그것보다 더 거칠어졌고 곱던 얼굴에는 바람 자국이 선명하게 났다. 세월의 흐름 속에 나무가 자라 숲이 생겼다. 토끼, 여우, 닭이 숲의 친구가 됐다. 이제 옥수수 밭을 지나 미루나무 잎사귀를 흔들며 정겨운 바람이 다가온다. 사람들이 몰려들어 사막을 임대해 나무를 심는 가구가 80호에 이르렀다. 인위쩐은 모래바람의 사막을 버리지 않았다. 대신 산들바람의 숲으로 바꿔놓았다.

내가 있는 자리를 이전보다 더 나은 곳으로 만든다면 그것이 성공이다. 내가 있는 곳이 사막이라면 거기에 풀씨를 심는 것부터가 성공의 시작이겠다. 천국도 겨자씨 한 알을 심듯이 시작되지 않는가. "… 천국은 마치 사람이 자기 밭에 갖다 심은 겨자씨 한 알 같으니(마13:31)." 하나님의 위대하심은 먹을 것을 찾아 부르짖는 까마귀 새끼에게 먹이를 주는(욥38:41, 시147:9) 세밀하심에 있다. 천국의 광대함도 자기 밭의 현장에 겨자씨 한 알을 심는 자세에서 시작된다. 더 나은 곳을 찾아 헤매지 않고 자신의 현장을 가꿈으로 사람들이 몰려들게 하는 것, 참으로 위대한 모습이 아닐 수 없다.

1914년 1차 세계대전 발발 직전, 프랑스의 프로방스 지역은 무분별한 벌채로 산들이 황폐했다. 나무가 없어 바람이 세찼고 개울은 말라 마을들이 버려졌다. 그러나 알프스 산맥의 목자인 엘지르 부피에는 황량한 산등성이에 상수리를 심었다. 깨졌거나 너무 작은 상수리를 골라내고 3년 내내 완벽한 상수리 10만 개를 심었다. 그는 1939년 터진 2차 세계대전도 무시하고 20마일 떨어진 곳에다 또 상수리를 심기 시작했다. 2차 세계대전이 끝났을 때, 프로방스 지역의 산들에 숲이 생기고 죽었던 개울에 물이 흘렀다. 농장이 자리를 잡고 마을이 하나씩 들어섰다. 땅 값이 비싼 평원에서 살던 사람들이 모험심을 갖고 그곳으로 몰려들었다.[4]

  무엇이 성공인가. 내가 서 있는 현장을 이전보다 더 나은 곳으로 만든다면 그것이 성공이다. 지금 서 있는 현장에서 좋은 씨를 뿌리고 땀을 흘리며 즐겁게 투신하라. 더 나은 곳으로 만들어 사람들이 찾아들게 하라. 현장에 깊은 물을 만들고 그곳에 인생의 그물을 내려라.

  중동의 배꼽, 페르시안 걸프에 위치한 두바이는 20여 년 전만 해도 세계인들의 시선밖에 있었다. 지금도 아랍에미리트연합(UAE)을 구성하는 7개 소국가 중의 하나에 불과하다. 영토래야 서울의 6배, 제주도의 2.1배다. 그나마 사막이 90%에 육박하고 연평균 기온은 40도를 오르내린다. 고작 내세울 것이라고는 아름다운 에메랄드빛 바다뿐이었다. 1960년대까지만 해도 진주 조개잡이 등으로 연명하던 작은 어촌이 바로 두바이다. 그러나 40여 년이 흐른 지금 두바이는 홍콩이나 싱가포르, 아니 미국의 뉴욕이나 중국의 상하이를 넘보는 기세로 변모했

---

4) 더치 쉬츠, 「하나님의 타이밍을 포착하라」(토기장이, 2006) 10~20면 참조.

다. 이는 모두 두바이 지도부의 리더십 덕분이다.

두바이의 전 국왕 고 셰이크 라시드와 그의 3남, 셰이크 모하메드 현 국왕은 사막을 세계인들이 몰려드는 옥토로 바꿔놓았다. 셰이크 라시드는 1958년 국왕이 되자마자 두바이를 중동의 허브로 만들고자 했으나 심한 반대에 부딪쳤다. 그러던 중 1964년 처음으로 두바이 원유가 발견됐다. 대단한 행운이었다. 그러나 매장량이 2026년이면 고갈되는 40억 배럴뿐이었다. 두바이 경제가 원유중심으로 가다가는 원유가 바닥나는 60년 후 민족이 멸망할지도 모른다는 위기감에 셰이크 라시드는 밤잠을 설쳤다. 그래서 원유로부터 벗어나는 경제 다원화에 더욱 박차를 가하고자 했다. 라시드 항구가 물동량에 비해 너무 비대하다는 걱정은 잠시뿐, 67개 정박소를 갖춘 세계 최대의 제벨알리 인공항구를 또 신축해야 했다. 1985년에는 '제벨알리 항구' 안쪽에 중동 최초의 제벨알리 자유무역지대가 조성됐다. 그곳에는 개인소득세, 법인세, 부가가치세가 없다. 관세마저 없다. 부과되는 것이라고는 사용료가 전부다. 소니, 삼성, 필립스, 노키아 등 3,000여 개의 세계적인 기업들이 입주해 있다. 우리나라 기업도 80여 개나 된다. 그렇게 두바이는 원유중심 국에서 물류중심 국가로 변한 것이다.

1995년 셰이크 모하메드 왕세자(1949년 출생)가 셰이크 라시드 전 국왕의 후계자로 등장하면서 두바이의 발전은 빛의 속도만큼이나 빨라졌다. 페르시안 걸프의 작은 어촌, 두바이를 현대식 두바이주식회사로 전환시킨 창업주가 셰이크 라시드 전 국왕이었다면, 그것을 세계 일류로 끌어올린 주역은 셰이크 모하메드 현 국왕이다. 그는 지금 아랍에 미리트연합의 부통령과 총리를 겸하고 있다.

2010년까지 원유 의존도를 0%로 만들겠다는 그의 마스터플랜은 이미 초과달성 됐다. 2005년 현재 두바이의 원유 의존도는 6%를 밑돈다. 지금 그를 CEO로 하는 두바이주식회사는 물류, 무역, 금융, 관광, 레저는 물론 심지어 IT, 미디어, 교육, 의료의 중심지로 부상하고 있다. 중동, 유럽, 아프리카, 아시아의 관문을 넘어 세계의 허브 아니 '세계 그 자체'가 되고 있는 것이다.

셰이크 모하메드는 놀라운 상상력과 막강한 추진력을 동시에 갖춘 탁월한 국가경영자다. 어느 누구도 그의 상상력과 추진력을 따라잡지 못할 것 같다. 영국의 옥스퍼드대학교 출신을 중심으로, 전 세계에서 몰려든 2,000명의 전문가 집단도 그의 주변을 맴돌며 두바이를 꿈의 나라로 건설하고 있다. 두바이는 여전히 나라 곳곳이 공사장이다. 동시다발로 초대형 개발사업들이 진행되고 있기 때문이다. 계획된 공사만도 2,000억 달러 규모다. 대부분이 2010년까지 완공될 예정이다. 기존의 부동산 총가치가 2,200억 달러 수준이라는데 그렇다면 또 하나의 두바이가 생기는 것이다.

두바이에는 돛단배 모양의 별 7개짜리 세계 최고급 해상호텔 '버즈 알 아랍'이 위용을 자랑하고 있다. 세계 최대의 테마파크 '두바이 랜드'는 미국의 디즈니랜드와 비교할 수 없을 정도로 크다. 거기에 미국의 라스베이거스 수준으로 건설되는 특급 호텔단지에는 모두 270억 달러가 들어간다. 에미리트 몰에 개장된 사막 최대의 실내스키장 '스키 두바이'는 400미터의 슬로프 길이로 세계 최장을 자랑한다. 상상력의 백미는 인공섬 프로젝트다.

두바이 북부 해안에는 팜 주메이라, 팜 제벨알리, 팜 데이라 등 야자수 모양의 3개 '팜 아일랜드'와 함께 300여개 섬을 세계지도 모양으로 만드는 '더 월드'가 추진되고 있다. 직경 5.5킬로미터의 첫 번째 인공섬, 팜 주메이라에는 2,500채의 빌라와 25개의 호텔이 촘촘히 들어선다. 영국의 특급 축구선수 '데이빗 베컴'의 별장이 있다고 하는 팜 주메이라의 분양은 즉시 매진됐다는 소식이다.

더 월드는 각국의 이름이 붙어 있는 섬들을 구매자가 자기 마음대로 개발하는 프로젝트다. 여기에 있는 한국 섬은 3,000평방킬로미터인데 2,400만 달러를 호가한다. 이렇게 인공섬 프로젝트가 2010년까지 끝나면 74킬로미터에 불과하던 두바이 해안선이 1,500킬로미터로 늘어난다. 경부고속도로의 3배 이상이다. 지리적으로 짧은 해안선을 두바이 지도부가 무한하게 늘어뜨린 것이다. 이는 상상력에 추진력이 곱해진 결과다. 두바이의 땅덩이는 작지만 상상력만큼은 초일류다. 두바이는 상상력의 보물섬이다.

"스포츠로 세계를 제패할 수 없다면 그것으로 세계인들을 유혹하는 것은 어떤가." 두바이 지도부의 기발한 상상력은 세계 최초의 7.5평방킬로미터짜리 대형 스포츠 도시로 태어났다. 초호화 스포츠 이벤트도 해마다 동반된다. 두바이 지도부의 상상력은 여기서 끝나지 않는다. IT산업의 허브까지 넘본다.

2000년 개장된 '인터넷 시티'에는 마이크로소프트, IBM, 오라클,

휴렛패커드, 시스코, 캐논, 지멘스 등 세계 굴지의 700여개 회사가 입주해 있다. 2001년 열린 '미디어 시티'에는 CNN, 로이터 등 850개 미디어업체들이 들어섰다. 날리지 빌리에는 인터넷 시티와 미디어 시티에 인력을 공급하는 MUD 등 영국, 호주계 대학교들의 6개 분교가 밀집해 있다. 2010년까지 헬스케어 시티도 조성해 부호들과 기업인들에게 최상의 의료서비스를 제공한다는 계획도 추진 중이다.

두바이 금융역시 물류나 무역과 마찬가지로 번창일로를 걷고 있다. 약 14만 평 규모의 두바이 국제금융센터가 완공되면 2007년까지 200여개의 세계적인 금융기관들이 유치될 전망이다. 이렇게 되면 뉴욕, 런던, 홍콩에 버금가는 금융허브로 자리하게 된다. 제벨알리 자유무역지대가 세계적인 물류허브를 지향한다면, 두바이 국제금융센터는 세계적인 금융허브를 목표로 하는 것이다.

뿐만 아니라 금 생산이 전무하지만 세계 제일의 미국을 추격하는 두바이 금시장도 있고, 사막이지만 세계 제일의 네덜란드를 추격하는 두바이 꽃시장도 있다. 세계인들을 유혹하기 위한 두바이 지도부의 행보에는 거침이 없다. 술과 돼지고기까지 판매하는 두바이는, 이슬람국가라는 것이 무색할 정도로 모든 서비스가 철저히 고객중심이다. 두바이 지도부는 유혹의 천재다. Dubai는 과연 'Do buy'다.

우리가 두바이에서 봐야 할 것은 세계 최초, 최고, 최대, 최장의 건물들이 아니다. 두바이 지도부의 상상력과 추진력을 볼 수 있어야 한다. 셰이크 모하메드는 상상력만 뛰어난 몽상가도 아니고, 추진력만 뛰어난 도전가도 아니다. 그는 둘 다 겸비한 특급 혁신가다. "두바이에게 세계 자본가들이 필요한 게 아니라 세계 자본가들에게 두바이가 필요하도록 만들겠다." 그의 대담한 발언은 벌써 현실이 됐다. 세계 타워크레인의 20%가 몰려 있는 곳, 중동의 오일머니를 비롯해 전 세계의 핫머니가 집중하는 곳, 세계에서 가장 붐비는 곳, 그래서 늘 최상의 수식어들이 따라붙는 곳. 이처럼 두바이에 대한 찬사는 끝이 없다. 두바이는 중동의 해방구, 아니 세계의 해방구다.

그러나 빛과 그림자가 공존하듯이 두바이의 미래가 무한정 밝지는 않다. 장차 홍콩이나 싱가포르를 능가하는 인구 1,000만 명의 세계 중심지가 되기 위해서는 분명 넘어야 할 산들이 있다. 이미 인구유입의 급증, 부동산 가격의 폭등, 교통비 급상승등이 심각한 사회문제로 떠오르고 있다. 부동산 거품도 자주 지적된다. 신축 아파트의 실질 입주율이 50%를 넘지 못하는 까닭이다. 정부가 진행 중인 건설프로젝트는 2,000억 달러 규모인데 두바이의 외환보유고가 230억 달러인 것을 감안하면 빚잔치이지 않을 수 없다. 실제로 두바이 투자액의 65%가 사우디아라비아, 쿠웨이트, 이란 등지에서 온 오일달러다. 미국과 이란의 관계가 악화되거나 유가가 급락하면 두바이의 거품이 한 순간에 꺼질 수 있다는 우려의 목소리가 높은 이유다. 이미 건설계획에 차질이 빚어지고 건설규모도 위축되는 모양새다. 두 번째 인공섬인 팜 제벨알리는 공사가 지연되었고, 최대 규모의 세 번째 인공섬 팜 메이라는 개발이 보류될 것이라는 이야기가 나돌고 있다. 수년간 천정부지로 치솟던 두바이 증시도 하락세로 돌아섰다.

방글라데시, 파키스탄, 스리랑카 등지에서 몰려든 외국노동자들의 열악한 생활환경도 두바이의 발목을 잡는다. 외국노동자들의 과반수가 한 달에 300달러도 못 버는 공사장 인부다. 부당한 노동조건에 항의하는 데모가 매월 10건을 넘지만 파업하는 외국노동자는 즉시 추방된다. 주택 임대료뿐만 아니라 학비도 많이 올라, 조금이라도 기술이 있는 외국노동자는 속속 유럽 등지로 떠난다. 그러다 보니 노동력 품귀현상이 나타나고 있다. 외국노동자들에게 의존할 수밖에 없는 두바이로서는 진퇴양난인 것이다.

두바이가 왕국이라는 점도 간과할 수 없다. 이스라엘, 이라크, 이란 등 중동의 화약고들이 언제 터질지 모르는 위험도 상존한다. 무엇보다 물질적인 교만을 압도하는 '영적인 교만'이 두바이 지도부의 모든 노력을 21세기의 바벨탑으로 만들지도 모른다. 두바이가 사막의 유령도시로 전락할지, 미국의 뉴욕이나 중국의 상하이를 제치고 일류 도시국가가 될지는 미지수다. 그럼에도 불구하고 우리가 두바이 지도부로부터 배워야 할 것은 많다. 자국민도 살기 힘든 사막을 세계인이 몰려드는 옥토로 바꾸는 리더십이 그것이다.

사우디아라비아 국왕은 두바이 지도자를 초청해 대형 프로젝트 추진에 관한 조언을 들었다고 한다. 덕분에 해안도시 지다에 110억 달러 상당의 고급 빌라촌 '지다 힐'이 들어섰다. 킹 압둘라 지역에는 270억 달러 상당의 경제 신도시가 만들어진다. 수도 리야드에는 90만 평의 국제금융센터도 세울 계획이다. 이는 두바이 국제금융센터에 비해 6배나 큰 세계 최대 수준이다.[5]

두바이에는 이집트의 피라미드나 스핑크스가 없다. 원유 매장량이

---

5) 정지영. "두바이가 중동을 바꾼다" 한국경제(2006. 5. 15) A4면 참조.

쿠웨이트처럼 무한한 것도 아니다. 하지만 사막을 더 나은 미래로 만드는 지도부의 상상력과 추진력이 있다. "지금까지 이룬 것을 보지 말고 앞으로 이룰 것을 보아라." 두바이 지도부의 꺾이지 않는 자신감을 단적으로 보여주는 말이다.

미래의 숲과 새들의 둥지를 꿈꾸며 지금 나의 밭에 겨자씨 한 알을 심는 상상력, 그리고 일을 반복하는 추진력이 지금의 자리를 천국으로 만든다. 나의 밭, 나의 현장이 어떠할지라도 좋은 씨를 뿌리고 땀을 흘리며 즐겁게 투신해야 하겠다. 변두리이든, 중심지이든 이전보다 더 나은 곳으로 만든다면 성공한 사람이기 때문이다. 기름진 초지를 찾아 헤매지 말고 척박한 현장에 찰거머리처럼 붙어살아야 한다. 정글을 뚫고 광야에 길을 내고 사막에 샘을 파야 한다. 더 나은 곳을 찾아 헤매지 말고 지금 서 있는 현장을 더 나은 곳으로 만들자.

몸을 사리지 마라

 우리는 실패하기 위해 이 세상에 태어나지 않았다. 우리는 성공하기 위해 이 세상에 존재한다. 무엇이 성공인가. 성공은 명품을 걸치고 자격증을 갖추고 상좌에 앉는 것이 아니다. 성공은 자신의 목소리, 자신과의 약속, 자신의 뜻을 발견하고 그것에 집중하는 것이다. 이 세상의 가치를 창조하고 행복을 증진시키기 위해 자신에게 주어진 길을 끝까지 걷는 것이 성공이다. 남의 길을 걷는 사람치고 비범한 이를 보지 못했다. 하늘의 소명을 느끼고 평생 자신의 길을 걷는 사람이 비범함을 겸한 위인이다.

 헨리 포드는 자동차의 대중화를 위해 평생을 바쳤다. 평범한 사람이라도 자동차를 탈 수 있도록 대중화를 이뤄야 한다는, 자신의 목소리에 그는 충성했다. 그는 마이카 시대를 앞당겨 행복하게 세상을 바꿔

놓았다. 공자는 덕치의 대중화를 위해 평생을 바쳤다. 그는 현실정치에서 덕치를 실현해야 한다는, 자신과의 약속을 지키기 위해 쉬지 않고 움직였다. 그래서 사후 2,000년이 넘도록 유가철학이 꽃피울 수 있었다. 그만큼 덕스럽게 세상을 바꿔놓은 것이다. 록펠러는 석유의 대중화를 위해 평생을 바쳤다. 그는 염가의 석유공급을 넘어서는 사회사업의 영역을 새롭게 창출했다.

이들은 결과적으로 세상을 바꾼 사람들이다. 이 세상 사람들의 가치를 창조하고 행복을 증진하며, 이 세상을 더 복되게 만드는 데 평생을 투자했다. 예나 지금이나 인간애로 불붙은 사람들이 세상을 바꾼다. 이들은 내면의 추구를 밖으로 표출할 뿐만 아니라 대중화, 전국화, 세계화해 냈다. 포드의 자동차나, 공자의 덕치사상 그리고 록펠러의 석유가 그랬다. 자신의 내면을 인간애에 바탕을 둠으로써 마침내 세상을 바꿀 수 있게 된 것이다.

자신의 목소리, 자신과의 약속, 자신의 뜻은 내면의 불이다. 이 불에서 카리스마, 리더십, 열정, 모험심, 지구력이 나온다. 내면의 불이 있다는 것은 진정한 자기를 이미 발견했다는 것이다. 어떡하면 내면의 불을 가질 수 있는가. "무엇을 해야 하는가. 무엇을 하고 싶은가. 무엇을 잘 하는가." 이런 질문을 반복해서 답이 나온다면 내면의 불씨가 생긴 셈이다. 록펠러는 많은 돈을 벌고 싶었다. 그리고 타인보다 돈을 잘 버는 잠재력이 있다는 사실을 알았다. 그는 자신의 잠재력을 유감없이 발휘해 많은 돈을 벌고, 그것으로 복된 세상을 만들어야 한다는 사명감에 불탔다. 때문에 대중을 위해 염가로 석유를 공급하는 것에 머물지 않고 세계최초로 체계적인 자선기금을 운용했다. 그는 시카고대학교를 비롯한 24개의 대학교를 세웠고, 리버사이드교회를 비롯해 4,928개의 교회도 세웠다. 록펠러의학연구소와 록펠러재단도 세웠다. 그는 적어도 돈벌레만은 아니었다. 불쌍한 사람들을 위해 많은 재산을 내놓을 줄 알았다. 그에게 있어 사업은 세상을 더 복되게 만들고 주님을 더 영화롭게 해 드리는 도구였던 것이다. 우리는 내면의 불을 갖되 주님 안에서 가져야 한다. 스스로 내면의 불을 가지면 주님이 야베스처럼 그대로 허락하실 수도 있다. 또는 모세처럼 그것을 더 강화시키거나, 바울처럼 전혀 다른 것으로 바꿔 주실 수도 있다. 야베스의 내면에서 타오르는 불은 가난과 고생을 벗어나 풍요롭고 평안한 인생을 사는 것이었다. 그런 바람을 간절히 기도했을 때 주님은 그것을 허락하셨다(대상4:9~10). 주님은 당신의 뜻만 강요 하지 않는다. 우리의 뜻도 허락하신다. 그렇기 때문에 우리 자신의 뜻, 그러니까 내면의 불을 갖는 것이 중요하다.

모세는 나이 40에 자신의 동포들을 돌아볼 생각이 났다. 그것이 그의 불이었다. 그 불에 타서 애굽 사람을 쳐 죽이는 열정을 보였다(행 7:23~24). 그러나 그 불은 애굽 왕의 살해위협에 꺼지고 말았다. 40년 후 시내산 광야에서 주님은 불타는 떨기나무에서 그에게 불을 주셨다. "이제 내가 너를 바로에게 보내어 너로 내 백성, 이스라엘 자손을 애굽에서 인도하여 내게 하리라(출3:10)." 40년 동안 꺼졌던 불이 다시 타올랐다. 이전보다 더 강렬했다. 주님이 주신 불이였기 때문이다. 이제는 애굽 왕의 위협이나 유혹에 절대로 무너지지 않는다. "믿음으로 애굽을 떠나 임금의 노함을 무서워 아니하고 곧 보이지 아니하는 자를 보는 것 같이 하여 참았으며(히11:27)." 결코 꺼질 수 없는 불이 내면에 있으니 그 어떠한 위협이나 유혹에도 타협할 수 없었던 것이다.

영국의 마거릿 대처는 소련이 '철의 여인'이라며 맹공을 퍼부었지만 흔들리지 않았다. "소련에서 나를 철의 여인이라고 부른다. 맞다. 영국은 이제 철의 여인을 필요로 하고 있다." 그녀는 유럽 최초의 여성총리였으며 3번의 연임총리가 되었다. 헬렌 클라크 역시 여성도 지도자가 될 수 있다는 것을 입증하며 뉴질랜드에서 여성 최초로 장관, 부총리, 노동당 당수, 그리고 총리의 길을 걷고 있다. 프랑스의 유명 패션디자이너 코코 샤넬은 원래 평범한 주부였다. 단지 유행에 아랑곳하지 않고 자신의 뜻대로 입는 것이 그녀를 유별나게 만들었다. 한 세기가 지났을 때 그녀의 이름은 패션의 대명사가 됐다.

결정적으로 중요한 것이 바로 자신감이다. 자신감이 있으면 스스로 부과하는 제한이나 외부에서 오는 억압에도 굴하지 않는다. 어떤 일을 실행함에 있어 우리는 준비부족, 인격부족, 역량부족을 거론한다. 아무리 노력해도 항상 무언가 부족하고 어딘가 모자란다고 느끼기 때문이다. 그러나 자신감이 있는 사람은 스스로의 자격, 가치, 능력이 충분하다는 데 의문을 갖지 않는다.

자기 자신에 대한 확신, 곧 자신감은 대중에게 전염돼 대중의 신뢰와 지지로 되돌아온다. 미국의 레이건 대통령은 사안에 대한 지식부족으로 말실수가 잦아 보좌진이 늘 긴장해야 했다. 그러나 그는 자신이

신이 위대한 정치인이라는 사실을 믿어 의심치 않았다. 그는 크고 작은 정책들에 대한 지식이 부족해도 전혀 기죽지 않고 매사에 적극적이었다. 그의 자신만만함은 국민들에게 전염됐다. 국내외 여러 문제들에 시달리던 국민들은 그의 자신감에 안도할 수 있었다. 보좌진들의 걱정과 달리 국민들은 그에게 신뢰를 보냈고 재선의 임기를 성공적으로 마칠 수 있었다. 그는 자신감이 넘치는 낙관주의자였다.[6]

이에 반해 지미 카터 대통령은 자신의 어깨에 놓여 있는 책임에 눌려, 늘 노심초사했다. 그는 책임감에 압도당했고 자신의 능력부족에 대해 지나치게 민감했다. 중요한 사안들에 대해 쉽게 결정하지 못하고 고민을 되풀이했다. 국민들은 그의 고민을 무능으로 받아들여, 재선을 좌절시켰다. 그는 국가의 위기를 진심으로 걱정했지만 국민들은 그의 불안감 때문에 불신할 수밖에 없었다. 퇴임 후 막중한 책임감에서 벗어난 카터는 대통력 직에 있을 때 보다 더 빛나는 역할을 수행했다.

말하고자 하는 요지는 잠재력을 풀어놓는 자신감만이 세상을 바꾸는 생산성으로 직결된다는 것이다.

얼굴이 두껍고 마음이 두터워야 자신의 길을 고수하는 승리자가 될 수 있다. 승리자들의 공통점은 남들의 비난, 판단, 평가에 귀를 기울이지 않는다. '졸전에 졸전, 고개 숙인 히딩크', '고개 드는 교체론', '다시 풍랑 속에 빠져드는 대표팀', '히딩크는 한국축구를 너무 모른다' '우리 선수들에게 지역방어는 맞지 않다. 히딩크는 다시 생각해 봐야 한다' 2002년 월드컵을 불과 얼마 남기지 않은 시기의 여론이었다. 그러나 히딩크는 변명하거나 선수들을 탓하거나 지원을 호소하지 않

---

6) 추친닝.「승자의 심리학」(씨앗을 뿌리는 사람. 2005) 15~6면 참조.

앉다. 단지 나중에 평가해 달라는 말만 되풀이했다. 애가 타는 것은 언론이지 그가 아니었다. 그에게는 확고부동한 자신의 목소리가 있었던 것이다. 그는 바깥 목소리들을 차단하고 단 하나, 자기 안의 목소리에 집중했다.[7] 때문에 자책감, 수치심, 자격지심으로부터 초연할 수 있었다. 그렇게 한국의 축구역사를 다시 쓰는 감독이 된 것이다. 탁월한 전략만으로 그렇게 된 것은 아니었다. 외부의 잡음에도 자신의 목소리를 경청하는 능력이 있기에 가능했다. 남들의 칭찬에 연연하거나, 남들의 칭찬과 기대에 부응하려고 노력하는 인생은 낭비로 끝나기 마련이다. 내면의 목소리를 들을 수 있는 능력을 기르자.

일단 내면의 불이 확실하다면 외부소음을 단호하게 차단하라. 모세가 그랬고 바울이 그랬다. 바울 자신의 불은 하나님을 위해 예수님의 제자들을 잡아들이는 것이었다. "사울이 주의 제자들을 대하여 여전히 위협과 살기가 등등하여 대제사장에게 가서 다메섹 여러 회당에 갈 공문을 청하니 이는 만일 그 도를 좇는 사람을 만나면 무론남녀하고 결박하여 예루살렘으로 잡아오려 함이라(행9:1~2)" 그는 주님의 교회를 잔멸시키는(행8:3), 자신의 불에 타올라 살기가 등등했다. 내면의 불이 이 같은 열정을 분출시킨 것이다. 그러나 주님은 그가 다메섹에 이르기 전에 주저앉히신다. "사흘 동안 보지 못하고 식음을 전폐하니라(행 9:9)." 그렇게 함으로써 그의 불을 주님 자신의 불로 전면교체하신 것이다. "…이 사람은 내 이름을 이방인과 임금들과 이스라엘 자손들 앞에 전하기 위하여 택한 나의 그릇이라(행9:15)." 모세의 경우, 40년 동안 꺼졌던 불이 주님에 의해 더 강하게 재생됐다면 바울의 경우, 아주

---

7) 여훈, 「오늘보다 더 나은 내일을 위한 최고의 선물」(sb. 2005) 48~50면 참조.

짧은 시간에 주님의 불로 대체된 것이다. 유럽의 복음화 작업이 그만큼 화급했기 때문이었을까. 이제 바울은 주님의 불에 타올라 복음을 위한 일사각오의 열정으로 덤빈다. "오직 성령이 각 성에서 내게 증거하여 결박과 환난이 나를 기다린다 하시나 나의 달려갈 길과 주 예수께 받은 사명 곧 하나님의 은혜의 복음 증거하는 일을 마치려 함에는 나의 생명을 조금도 귀한 것으로 여기지 아니하노라(행20:23~24)."

자신의 목소리, 자신과의 약속, 자신의 뜻이 내면의 불이다. 이것이 있으면 주님이 허락하시든지, 더 강화시키시든지, 아니면 주님 자신의 것으로 대체하신다. 나의 경우, 외교관이 돼 국익을 증진시키고자 하는 것이 내면의 불이었다. 그러나 주님은 내가 주님나라의 이익을 증진시키는 목회자가 되도록 주님 자신의 불로 갈아 끼우셨다. 그래서 목양일념의 자세로 임했는데 주님은 다시 국가인재 양성의 불도 심어 주셨다. 그리고 조국의 복음화와 아울러 선진화와 복지화의 불도 타오르게 하셨다. 내면의 불이 있으면 세상에 맞설 수 있다. 내면의 불이 제공하는 모험심, 창조정신, 지구력으로 고난을 극복 할 수 있기 때문이다. 우리는 내면의 불이 더 타오르게 해야 한다. 이를 위해서 남아도는 인생이 아니라 자신만의 고유한 인생을 살아야 한다. 내면의 것, 새로운 것, 남다른 것을 추구하라. 그것을 대중화, 전국화, 세계화하라. 그래서 세상의 가치를 창조하고 행복을 증진하며, 이 세상을 더 복되게 만들어라. 피상적으로 오해하면 자신의 뜻을 추구하는 삶은 자기중심적인 인본주의처럼 보일 수도 있다. 하지만 심층적으로 이해하면 정반대다. 주님의 뜻이 우리의 뜻으로 충분히 내면화되면 주님의 뜻과 우리의 뜻이 서로 구별되지 않는다. 주님의 뜻이 우리의 뜻이고 우리의 뜻이 주님의 뜻이다. 요셉은 자신의 꿈, 엄밀히 말하자면 자신의 꿈으로 충분히 내면화된 주님의 꿈을 지키고 이루는 데 평생을 걸었다. 우리도 그렇게 해야 하겠다.

누구나 다 모세나 바울처럼 주님이 직접 심방해 주시지 않는다. 극적인 소명에 대한 환상을 버려라. 주님의 믿음 안에서 스스로 내면의 불을 만들어라. 경쟁이 치열한 산기슭, 얕은 물이 아니라 경쟁이 희박한 꼭대기, 깊은 물을 선택하라. 남들에게 휘둘리지 말고 반대자들과 타협하지 마라. 비난, 조소, 험담에도 초연한 부동심을 유지하라. 오직 내면의 불이 활활 타올라 밖으로 터져 나오도록 하라. 그러기 위해서는 우리의 잠재력이 유감없이 발휘되도록 영혼육과 환경의 자유가 뒷받침돼야 한다. 무엇이 우리에게 자유함을 주는가. 주님의 영이다. 주님의 영이 계신 곳에 자유함이 있다(고후3:17). 주님의 영이 누르는 것들로부터 우리를 자유롭게 하시기 때문이다(눅4:18).
"성령 하나님, 사랑하고 의지합니다. 우리의 영혼육과 환경을 억누르는 것들을 없애 주시고 우리가 잠재력을 유감없이 발휘해 주님 안에서 뜻을 성취하는 인생을 살게 하옵소서. 그래서 주님을 영화롭게 해 드리고 세상을 더 복되도록 하게 하옵소서."

이사야는 왕실이나 성전에서 활동하던 공직상의 직업 예언자가 아니라 하나님으로부터 직접 부르심을 받아 말씀을 선포한 문서 예언자였다. 그랬기 때문에 왕이나 백성들한테 얽매일 필요가 없었고 왕, 제사장, 백성들은 물론 심지어 직업 예언자에게까지 하나님의 심판을 그대로 선포할 수 있었다. 그는 왕의 스승 즉 왕사 역할을 하기도 했고 백성들의 스승, 즉 국사의 역할을 하기도 했다.

그는 하나님의 입이 돼 맹렬한 심판을 선포하면서도 따뜻한 가슴으로 하나님과 왕, 하나님과 백성들을 중재했다. 또한 히스기야 왕과는 완벽한 팀플레이를 이루기도 했다. 그렇게 왕과 예언자가 팀워크를 맞춤으로써(사37:1~7) 앗수르 왕의 대군을 오직 하나님의 권능으로 격파할 수 있었다(사37:36~38). 또 히스기야 왕의 질병문제도 함께 해결했다(사38:1~8). 하지만 히스기야 왕이 앗수르에 뒤이어 새롭게 부상하던 바벨론 왕실의 환심을 사려고 바벨론 사절단에게 보여 준 아첨에 대해서는 냉혹한 심판의 말씀을 퍼붓기도 했다(사39:1~7). 이렇게 기득권자들에 대해 가차 없이 심판을 선포하는 예언자였는가 하면 따뜻한 중재자이기도 했다.

그는 백성들과 함께 고난을 받는 종이기도 했고 조국이 망하는 상황에서도 먼 미래의 메시아를 희망하는 시인이기도 했다.(사7:14,9:6~7,53:1~12). 탈무드에 따르면 그는 므낫세 왕 때, 몸이 톱으로 두 동강나는 극형을 당했다. 난세를 피하기 위해 몸을 사리지 않았기 때문이다.

흔히 세속과 적당한 거리를 두는 것이 신앙인의 고고한 인격이라고 말한다. 그러나 이사야 같은 성경의 인물들, 그리고 링컨 같은 역사의 인물들은 세속의 중앙에 투신했다. 링컨은 노예해방의 뜻을 실현하려고 정치에 뛰어들었고, 세속의 권력을 쥐자마자 즉시 노예해방을 단행

했다. 예수님도 세속의 한복판에서 왕권, 제사장권, 기득권에 맞섰다. 성경적인 거룩함은 유교적인 고고함이 아니다. 그것은 세속의 중앙에 하나님의 뜻을 심는 투신이다. 하나님께 영광과 찬송을 돌리는, 인생의 창조목적(사43:7, 21)은 오히려 교회 밖의 세속에서 성취돼야 한다. 세속에서 하나님의 뜻이 이루어지고 그만큼 하나님의 나라가 임하면 당연히 하나님의 이름이 거룩히 여김을 받게 되지 않겠는가(마 6:9~10). 교회 안에서 열렬한 예배를 통해 하나님께 영광과 찬송을 돌릴 뿐만 아니라, 세속에 투신해 확실하게 하나님의 뜻을 심음으로써 하나님께 영광과 찬송을 돌려야 한다.

주님을 사랑하고 주님의 얼굴을 구하고 주님의 임재에 젖어드는 것이 우선순위여야 한다. 그러나 그것이 주는 기쁨에만 안주하려는 약자는 결코 주님나라의 용사가 될 수 없다. 용사라면 현장의 갈등과 맞붙어 싸우게 돼 있다. 주님의 임재만 추구할 게 아니라 현장에서 주님나라의 운동을 일으키는 주역이 돼야 하는 것이다.

그토록 온유한 모세도 현장에 투신하면서 사람을 죽인 경험이 있다. 그의 살인죄는 비난받아 마땅하다. 그러나 살인행동으로 돌출된, 그의 뜨거운 동족애만큼은 인정해야 할 것이다. 몸을 사리지 않기로는 아브라함도 둘째가라면 서럽다. 하나님의 명령을 받고 그는 사흘동안 길을 걸으면서도 꿋꿋이 외아들을 하나님께 제물로 바치고자 했다. 아무나 믿음의 조상이 되는 게 아니다. 몸을 사리지 않는 투신이 요구된다. 아브라함에게는 아브라함다운 투신이 있었다. 참새처럼 투신하면서 독수리 같은 대우를 바랄 수는 없다. 다윗도 원수가 추격하는 현장에서 하나님에 대한 투신의 절정을 보여 준다. 원수를 죽일 기회가 왔지만 하나님의 눈치부터 살핀다.

그는 사울 왕이 자신의 앞에서 용변을 보고 있을 때에나(삼상24:2~7) 완전히 무방비상태로 잠에 빠졌을 때에도(삼상26:2~12) 처단하지 않았다. 하나님께서 기름을 부어 왕으로 삼으셨기 때문에 하나님께서 알아서 처리하실 일이지, 그 자신이 직접 원수를 갚을 수 없기 때문이다. "…여호와께서 사시거니와 여호와께서 그를 치시리니 혹 죽을 날이 이르거나 혹 전장에 들어가서 망하리라(삼상26:10)." 일촉즉발의 현장에서 잠시 머물러 하나님의 눈치를 살피기란 쉽지 않다. 결정적인 순간에 하나님의 눈치를 살필 수 있다면 그는 이미 보통사람이 아니다. 하지만 다윗은 두 번이나 하나님의 눈치를 살핀다. 그는 원수를 갚아야 하는 결정적인 순간에도 하나님의 마음을 살피고 뒤따르고자 했다. 그는 하나님의 마음에 합한 사람, 그러니까 전적으로 '하나님을 앞장세워드리는 사람(a man after my own heart)'이었던 것이다(행13:22). 이런 다윗의 모습에서 우리는 예수님의 그림자를 발견하게 된다.

마귀가 유혹할 때마다 하나님의 아들이 아니라 참 인간의 모습으로 하나님을 앞장세워드린다. "…네가 만일 하나님의 아들이어든 명하여 이 돌들이 떡덩이가 되게 하라… 사람이 떡으로만 살 것이 아니요, 하나님의 입으로 나오는 모든 말씀을 살 것이라…(마4:3~4)." 하나님은 말씀하시는 분이요, 인간은 응답해야 하는 존재다. 하나님을 주장하려는 자세는 참 인간의 자세가 아니다. 참 인간의 자세는 하나님의 말씀에 대한 응답뿐이다. 지금 예수님께서 그런 자세로 하나님 뒤에 머물러 계신다.

　마귀가 다시 유혹한다. "…네가 만일 하나님의 아들이어든 뛰어내리라… 주 너의 하나님을 시험치 말라 하였느니라…(마4:5~7)." 역시 예수님은 하나님을 제치지 않고 하나님 뒤에 머무는 참 인간의 자세를 유지하신다. 마귀가 세 번째 유혹해도 예수님은 하나님 뒤에 자신을 위치시킨다. "…주, 너의 하나님께 경배하고 다만 그를 섬기라 하였느니라(마4:8~10)." 주님을 주님답게 해 드리는 것, 곧 주님을 앞장세워 드리는 것이 참 인간의 바른 자세다. 이 점에서 베드로는 틀렸다.

　그는 예수님을 붙잡고 그러시면 안 된다고 충고했다(Then, taking him aside, started to remonstrate with him). 그러자 예수님은 "사단아, 내 뒤로 물러가라(Get behind me, Satan!)"며 그를 꾸짖으셨다(Jerusalem Bible, 마16:23). 결정적인 순간에 하나님의 눈치를 살피는 것, 이것이 명품신앙과 짝퉁신앙을 판가름한다. 막강한 블레셋 군대 앞에서 이스라엘 군대의 전열이 흩어지고 있다. 빨리 하나님께 번제를 드리고 은혜를 받아 접전해야 하겠는데 사무엘 선지자의 도착은 늦어지고 있다. 중압감을 이기지 못하고 사울 왕은 직접 번제를 드리고 만다(삼상13:8~12). 최후의 순간까지 하나님을 신뢰하지 못하고 긴박한 상황이 주는 두려움에 압도됐던 것이다. 이는 우리의 모습이다. 그는 또 아말렉을 쳐서 남녀노소는 물론, 가축까지도 전멸시키라는 하나님의 명령도 어긴다. 아말렉의 아각 왕을 사로잡고 기름진 우양도 죽이지 않았다(삼상15:7~9). 하나님을 두려워하지 않고 백성들을 두려워했기 때문이다. "사울이 사무엘에게 이르되 내가 범죄하였나이다. 내가 여호와의 명령과 당신의 말씀을 어긴 것은 내가 백성을 두려워하여 그 말을 청종하였음 이니이다(삼상15:24)."

다윗은 사울 왕과 판이했다. 그는 절체절명의 순간에도 하나님을 신뢰하며 여쭈었다. 아말렉 사람들이 급습해 그를 쫓던 부하들의 처자식을 다 사로잡아갔다. 부하들이 너무 슬퍼서 그를 돌로 치려고 했다. 사울 왕에게 쫓기고 블레셋 왕에게 견제를 받는 데다 이제 부하들마저 대항하는 상황이다. 그러나 그는 힘껏 하나님을 의지했고 애써 여유를 갖고 하나님의 인도하심을 구했다. "백성이 각기 자녀들을 위하여 마음이 슬퍼서 다윗을 돌로 치자 하니 다윗이 크게 군급하였으나 그 하나님 여호와를 힘입고 용기를 얻었더라. 다윗이 아히멜렉의 아들, 제사장 아비아달에게 이르되 청컨대 에봇을 내게로 가져오라. 아비아달이 에봇을 다윗에게로 가져오매 다윗이 여호와께 묻자와 가로되 내가 이 군대를 쫓아가면 미치겠나이까. 여호와께서 대답하시되 쫓아가라, 네가 반드시 미치고 정녕 도로 찾으리라(삼상30:6~8)." 사람들로 인한 불안 때문에 사울 왕이 자충수를 뒀다면, 그는 막다른 골목에서도 하나님에 대한 신뢰 때문에 여유를 찾았다. 그토록 하나님을 신뢰하는 그를 보시고 하나님은 그를 믿으시고 그를 향하신 하나님의 뜻을 다 이루시겠다고 약속하신다. 드디어 그가 하나님의 약속이 있는 사람이 된 것이다. "…내가 이새의 아들, 다윗을 만나니 내 마음에 합한 사람이라. 내 뜻을 다 이루게 하리라…(행13:22)."

원수를 갚아야 하는 순간에도 하나님의 눈치를 살피고 부하들이 대항하는 순간에도 하나님을 힘껏 의지함으로써 그는 하나님의 신뢰와 약속을 얻었을 수 있었던 것이다. 이제 그가 어떤 형편에 처할지라도 하나님께서 그를 향하신 하나님의 뜻을 성취하실 것이다. 하지만 아무나 하나님의 약속이 있는 사람이 될 수 없고 주권자가 될 수 없다. 다윗처럼 현장에서 하나님의 눈치를 살피며 전적으로 투신하는 사람이어야 한다. 자기 자신을 함부로 굴려서는 안 되겠지만 사명을 감당하려면 목숨을 걸어야 한다. 목숨보다 귀한 것은 없겠지만 감히 사명은 목숨을 앞선다.

 목숨보다 못한 것을 위해 사력을 다하지 말고 목숨보다 더 나은 대상, 그러니까 하나님과 하나님의 사명을 위해 목숨을 투자해야겠다. 아브라함은 하나님을 위해 외아들을 바치고자 했고 모세는 사명감에 불타서 사람을 죽였다. 그리고 다윗은 원수를 죽일 수 있는 절호의 기회를 연거푸 하나님께 돌렸다. 매사에 경거망동하는 것도 옳지 않지만 너무 신중해서도 안 된다. 회색지대에만 머물지 말고 전선으로 이동해야 한다. 주님과 주님의 영광을 위해 몸을 사리지 말고 투신하자.

현실을 직시하고 실력으로 말하라

한 어머니가 사과 몇 개를 들고 왔다. 탐스러워 보이는 크고 붉은 사과를 먹고 싶다고 형이 말하려는 순간, 동생이 그 말을 가로챘다. 그러자 어머니는 "착한 아이는 좋은 것을 남에게 양보할 줄 알아야 해. 늘 자기 생각만 해서는 안 되는 거야."라고 말했다. 그 순간 형이 "작은 것을 제가 먹을께요."라고 말하자 어머니는 기뻐하며 그에게 크고 붉은 사과를 주었다. 그렇게 형은 자신이 원하는 것을 얻기 위해서 거짓말을 해야 한다는 것을 알았다. 그 후 거짓말로 점철된 인생을 살던 형은 끝내 감옥에 들어가게 되었다. 그의 어머니가 노력하지 않고도 좋은 것을 얻을 수 있는 꼼수를 가르쳐 주었기 때문이다.

다른 어머니 역시 사과 몇 개를 가져왔다. 세 아이들이 서로 크고 붉은 사과를 차지하려고 싸우기 시작했다. 그녀는 사과를 들고 말했다. "좋아, 정원 잔디밭을 3등분해서 시합을 하자. 제일 빨리 잘 깎는 사람이 이것을 차지하는 거야." 세 아이는 시합을 벌였고 형이 그 사과를 차지했다. 그녀의 자녀교육은 현실적이었다. 세 아이는 좋은 것을 얻으려면 정당하게 경쟁에서 이겨야 한다는 것을 배웠다. 형은 나중에 백악관의 저명인사가 됐다.[8]

대가를 치르고 이겨야 얻을 수 있다. 이것이 세상의 현실이다. 따라서 위장된 착함과 양보보다는 정당한 경쟁과 싸움을 가르쳐야 하는 것이다. 우리가 이 세상에 태어난 것은 이김과 다스림이 있는 섬김을 위해서다. 출애굽 사건은 격렬한 전쟁의 결과였고 가나안 정복도 그랬다. 정당하게 경쟁하는 것이 이 세상의 현실이다. 위장된 양보만 가르치는 것은 눈을 가리고 하늘이 없다고 하는 것과 마찬가지다. 태초의 목적도 경쟁하고 이기고 다스림으로써 제대로 섬기는 것이요, 마지막 목적도 그렇다.

"하나님이 그들에게 복을 주시며 그들에게 이르시되 생육하고 번성하여 땅에 충만하라, 땅을 정복하라, 바다의 고기와 공중의 새와 땅에 움직이는 모든 생물을 다스리라 하시니라(창1:28)." "이기는 자와 끝까지 내 일을 지키는 그에게 만국을 다스리는 권세를 주리니(계2:26)." 우리는 더불어 사는 공동체성을 확보하기 위해 양보도 해야 한다. 그러나 그것만을 위해 살아서는 안 된다. 사람들은 끊임없이 미지의 산과 바다와 땅을 정복하고 있다. 생명공학과 같은 새로운 영역도 정복하고 있다. 죄와 저주와 가난과 질병과 고난, 그리고 자기 자신을 정복하고 있다. 이것이 우리가 사는 중요한 목적임을 알아야 한다.

그러기 위해서 우리는 두 가지를 확실하게 해야 한다. 하나는 우리

---

8) 고명, 「경영우화」(미래의창, 2005) 104~106면 참조.

의 믿음이다. 하나님은 우리가 잘 되기를 원하신다. 그래서 은혜, 복, 능력, 지혜를 주신 것이다. 이를 확실하게 믿어야 한다. 아픈 사람은 건강해지고 우둔한 사람은 지혜로워지고 못사는 사람은 잘 살 수 있도록 믿고 기도하고 행동해야 한다. 다른 하나는 우리의 이해다. 이 세상은 치열한 경쟁을 통해 발전된다. 경쟁은 사라지고 평등만 존재해야 하는가? 아니다. 경쟁이 없으면 하향평둔화되고 하향평빈화된다. 세상은 계속 발전해야 한다. 경쟁풍토가 배척돼서는 안 된다. 따라서 좋은 지역, 좋은 기업, 좋은 대학이 더 많이 생겨야 하는 것이다.

우리는 가난을 정복하고 비전을 제시해야 한다. 우리 대에서 가난을 끊고 부요한 유산을 남겨야 한다. 좋은 지역, 좋은 기업, 좋은 대학의 발목을 잡아 하향평준화를 이루는 것은 국가경영의 목적이 아니다. 국가경영자라면 국가적인 가난을 극복하고 세계일류로 가는 비전을 제시할 수 있어야 한다. 물론 도무지 잘 할 수 없는 어려운 여건의 사람들을 위하여 사회안정망을 구축하는 것도 잊지 말아야 할 것이다.

주님은 꼭대기로 오시지 않는다. 꼭대기를 깎고 골짜기를 메우고 평지대를 만들어 주님이 오시도록 해야 한다. 제대로 된 부모라면 자식의 성공을 기원하기 마련이다. 이는 발전하는 가족공동체를 위해서도 바람직한 일이다. 따라서 우리 아이들에게 경쟁의 바다를 헤엄쳐 나갈 수 있도록 가르쳐야 한다. 무조건의 양보를 미덕으로 아는 사람에게 기업경영을 맡긴다면 성공할 수 있겠는가?

물론 이삭처럼 끊임없이 양보해도(창26:18~22) 별문제 없다고 반문하는 사람도 있을 것이다. 하지만 정글을 방불케 하는 현대 사회에서 이삭처럼 살 수는 없다. 그의 거듭되는 후퇴에도 불구하고 하나님이 일방적으로 큰 은혜를 주신 것에 초점을 맞춰야지, 그의 양보심을 부각시켜서는 안 된다. 언제나 왼 뺨을 돌려대는 것은 위선자이거나 겁쟁이다. 예수님은 맞고만 계시지 않고 정당하게 반박하셨다(요18:22~23). 잠자코 말해야 할 때도 있지만 한 대를 맞으면 두 배로 갚아줘서 다시는 그런 행동을 못하게 해야 한다. 때문에 늘 착하기를 강요하기 보다는 현실감각을 갖추도록 가르쳐야 할 것이다.

김진호(1987년 출생)는 세 돌이 지나도 엄마를 부르지 못하고 눈도 마주치지 않는 발달장애 자폐아였다. 그러나 그의 어머니는 아들의 장애 때문에 더욱 강하게 키워야 했다.

"언젠가는 엄마 없이 살아가야 해요. 그러려면 강해져야 합니다. 진호가 좋아하는 것이 아니라 진호에게 좋은 것을 가르칩니다."

그녀는 그가 식사하다가 방귀를 뀌면 밥그릇을 빼앗았고, 편식을 하면 이틀간 꼬박 굶기기도 했다. 그렇게 서서히 세상을 받아들이며 비장애인 학생들과 함께 수영훈련을 받았다. 그 결과 2005년 9월, 체코 세계장애인 수영선수권대회에서 세계기록을 3초나 앞당기면서 금메달을 목에 걸었다.[9] 그의 어머니가 치열한 경쟁의 바다로 내몰았기에 가능한 결과였다.

유일한 유한양행 창업주(1895~1971)의 아버지도 아들을 강하게 키웠다. 그는 아버지에게 떠밀려 겨우 9세 때 미국유학의 길을 떠나야 했다. 고학을 거듭하면서 미시건대학교를 졸업했고 미국에서 유한주식

---

9) 윤봉학 · 김도영. "자폐 이긴 도전 19년" 국민일보 (2005. 9. 10) 1면 참조.

회사를 차려 크게 성공을 거두었다. 그러나 조국의 가난한 백성들에게 좋은 의약품을 제공해야 한다는 일념으로 귀국해 유한양행을 세웠다. 그는 회사를 경영하면서 1원 하나도 빠뜨리지 않고 세금을 내는 것으로 유명했다. 사후에는 재산을 모두 사회에 환원함으로써 그는 진정한 기업인의 표상이 됐다.[10]

중간이 사라지고 있다. 어중간한 평등, 어중간한 획일은 없다. 중간을 추구하는 순간 하향평준화가 초래된다. 착한 것만으로는 안 된다. 잘 해서 이겨야 한다. 우리는 확실하게 가르칠 수 있어야 한다. "정당하게 경쟁하고 이기고 다스림으로써 우세하게 섬겨라." 태교도 한 적이 없으며 제대로 된 교육도 안 시켜주고, 물려줄 재산 또한 없으면서 자식에게 착하게 살라고만 하겠는가? 타인의 눈에 착한 아이가 되도록 가르치는 것은 속임수다. 부모님과 선생님의 눈에 들기 위해서 공부하는 아이는 '자아'가 없는 위선자가 된다. '착한 것=좋은 것'이라는 비겁함에 빠지기 때문이다.

착한 것만으로는 안 된다. 적극적으로 잘 해야 한다. CEO의 목표는 기업의 생산성을 높이는 데 있다. 생산성이 탁월한 CEO는 기업을 넘어 세상까지 바꾼다. 헨리 포드가 그랬고 빌 게이츠가 그랬다. 착하면서도 잘 하지 않으면 주인의 칭찬을 받을 수 없다. "…잘 하였도다. 착하고 충성된 종아…(마25:21)."

이탈리아의 혁명전략가, 안토니오 그람시(1891~1937)는 무산계급이 서유럽의 유산계급 국가를 전복시킬 수 있다고 보았다.
"제정 러시아는 낡고 약한 국가였기에 소수 혁명가들의 전격전에 무

---

10) 김정숙, 「세상을 바꾼 사람들의 특별한 이야기」(늘푸른아이들, 2005) 127~136면 참조.

너졌다. 그러나 독일과 같은 서유럽 국가들은 다르다. 자본주의와 시민사회, 법과 제도가 성숙해 있고 대중의 동의에 의해 국가권력이 형성돼 있다. 때문에 일시적인 기동전으로는 전복시킬 수 없다. 장기적인 진지전이 요구된다."

전세가 불리하면 참호 속에서 버티며 장기전을 벌이다가, 전세가 역전되는 순간 전격적인 기동전으로 상대를 제압해야 한다. 북쪽 베트남의 월맹군은 군화도 없었다. 속옷도 입지 못했다. 겨우 소금으로 하루 두 끼 식사를 해결했다. 그럼에도 불구하고 체제, 경제, 군사력의 우위를 자만하던 남쪽 베트남을 한 순간에 무너뜨렸다. 약자라면 역전의 기회가 올 때까지 버틸 수 있어야 한다. 모세는 정상에 올라도 시원치 않을 40세에 양의 똥을 만지며 처가살이를 시작했다. 그렇게 역전의 기회를 기다린 끝에 하나님의 부름을 받아 출애굽의 지도자가 된 것이다.

다윗은 청소년 시기에 기름부음을 받았지만(삼상16:13) 실제로 왕이 되기까지 피눈물이 나는 장기전을 펼쳐야 했다. 약자 다윗이 강자 사울 왕을 따돌리고 유다지파의 왕으로 등극하기까지는(삼하2:4) 13년 정도의 시간이 필요했다. 사울 왕가의 잔당을 완전히 제압하고 명실상부한 이스라엘 12지파의 왕이 되는 데는 8년에 가까운 시간이 더 요구됐다(삼하5:3~5). 사울 왕의 계속되는 공격을 피해 끈질긴 장기전을 펼치지 않았다면 다윗은 중간에 도태되고 말았을 것이다. 칭기즈칸 역시 9세에 아버지를 잃고 수차례 살해의 위협을 극복하면서 자생력을 키워야 했다. 그의 꿈은 몰락한 집안을 일으키고 흩어진 부족들을 재통

합하는 것이었다. 27세에 여러 부족들의 추대를 받아 몽고의 왕이 되자 그의 꿈이 커지기 시작했다. 중국과 러시아를 넘어 중앙아시아는 물론, 멀리 유럽까지 황색돌풍을 일으켰다. 그보다 더 넓은 땅을 차지한 왕이 누가 있을까. 약자는 작은 성공을 거두기도 벅차다. 그러나 장기적인 진지전을 통해 일단 작은 성공을 확보하고 나면 다음의 확장이 쉬워진다. 밑바닥에서 쌓아올린 저력이 있기 때문이다. 태산도 한 줌의 흙에서부터 시작된다. 천리마가 걸음을 멈추면 십리도 갈 수 없지만, 둔마도 꾸준히 걸으면 천릿길을 간다.

약자라도 장기전을 펼치면 승산이 있다. 오프라 윈프리는 10대 부모의 사생아였다. 자신도 13세에 임신한 방탕아였다. 그러나 마음을 바꾸고 꾸준히 노력한 덕분에 지금은 그 유명한 '오프라 윈프리 쇼'의 진행자이자 소유주다. 그녀는 인생이 마라톤이기 때문에 언제나 승리하거나 항상 패배할 수는 없다고 보았다. "날마다 조금씩 꾸준히 노력하면 살아남는다."[11]

약자가 강해지는 데는 많은 시간이 요구된다. 하나님께서 함께 하신다고 해서 한 순간에 강해지는 것은 아니다. 천하의 다윗도 처음부터 강하지 않았다. "만군의 여호와께서 함께 계시니 다윗이 점점 강성하여 가니라(대상11:9)." 설익은 벼는 이삭을 맺을 수 없다. 오랜 시간 영근 벼만이 이삭을 맺는다. 뿌리에 저력이 생기려면 시간의 흐름이 필요한 것이다. 늦었다고 생각될 때가 적기다. 지금 40대이면서 30대에 하지 못한 일을 후회하는가. 지금 하라. 그러면 50대에 가서 40대에 하지 못했다고 후회하지 않을 것이다. 현재의 성공에는 과거의 투자가

---

11) 윌리엄 J. 오닐, 「최고는 무엇이 다른가」(지식의날개, 2004) 34~35면 참조.

자가 있었다는 사실을 간과하지 말아야 한다.

이노디자인의 김영세 사장(1950년 출생)은 44세에 세계 산업디자인계를 석권했다. 그가 디자인한 동양매직의 휴대용 가스버너가 IDEA 금상을 받은 것이다. 선진국 출신의 쟁쟁한 디자이너들도 넘볼 수 없는 최고봉의 자리를 40대 중반의 한국 디자이너가 올랐다니 기적 같은 일이다. 우리가 여기서 놓치지 말아야 할 것이 있다. 성공을 위한 첫 출발이 언제였느냐는 것이다. 그는 16세의 어린 나이에 평생을 투자할 전공을 발견했다. 중학교 3학년 때, 친구네에 놀러갔다가 당시로서는 귀했던 산업디자인 잡지를 접하게 되면서 꿈을 키웠다. '맞아. 바로 이거야.'[12] 그는 그 순간 새롭고 아름답고 편리한 생활기기를 디자인하는 데 평생을 걸기로 결심했던 것이다. 그가 16세에 시작해서 44세에 정상에 올랐다면, 청소년기와 청년기의 8년을 낭비했다고 쳐도, 장장 20년을 투자한 것이다. 남들이 보기에는 벼락출세 같아도 그 뒤에는 오랜 세월의 노력이 있었다는 사실을 잊어서는 안된다. 지금 고통의 시간 뒤에는 우리의 노력에 응당하는 달콤한 열매가 기다리고 있을 것이다.

1921년 중국 공산당이 창립됐다. 비록 11명으로 시작하여 출발은 미약했지만 28년이 지난 1949년 중국대륙을 접수했다. 지금 7천만 명의 당원을 거느린 중국 공산당은 창당 100년째인 2021년, 중국을 세계 최강국으로 만들겠다며 기염을 토하고 있다. 싱가포르의 리콴유 전 총리는 지금 우리나라가 하고 있는 일을 앞으로 중국이 대체할 것이라고

---

12) 김영세, 「이노베이터」(랜덤하우스중앙. 2005) 53~55면 참조.

본다. 우리나라의 주력산업이 중국으로 넘어간다는 얘기다. 2021년쯤이면 한국인들이 중국인 사장 밑에서 머슴살이를 하게 될지도 모른다. 두렵다. 바짝 정신을 차려야 하겠다.

신앙은 더욱 장기전이다. 바울은 예수님의 제자 공동체와는 무관한 후발주자였다. 사도 사역에 있어 상대적으로 약자였던 셈이다. 그러나 밑바닥 현장을 오랫동안 누빈 결과, 그가 전하는 복음은 염병처럼(행 24:5) 부풀어 바다를 넘나들었다.

존 웨슬리(1703~1791)의 홀리 클럽도 그랬다.[13] 1729년 11월 4명으로 출발했지만 영국을 넘어 미국은 물론 전 세계를 강타한 감리교 운동의 모태가 되었다. 세계사나 교회사의 물줄기를 바꾼 운동은 밑바닥에서 소수가 눈에 보이지 않는 장기전을 벌인 결과였다. 때문에 연한순 같은 북한 지하교회가 김일성 부자의 철권통치를 꿰뚫고 나올 것을 믿어 의심치 않는다.

"나는 처음부터 세상의 20년 앞을 그려본다. 20년 앞의 미래상은 대체로 빗나가지 않는다. 거기서 거꾸로 15년, 10년, 5년을 역산해서 변화를 예측한다. 곧장 2, 3년 앞만 내다보면 변화가 심해서 예측이 빗나가기 쉽다. 그러니 처음부터 큰 흐름을 보면 미래는 단순해지고 그동안 무엇을 해야 할지 분명해진다."

일본의 빌 게이츠로 통하는 소프트뱅크의 손정의 사장이 한 말이다. 미래의 실력자가 되기 위해 현재를 투자하되 미래의 예측에 기초하라는 것이다. 실제로 그렇게 해서 그는 무일푼 약자에서 일본 최고수준의 사업가로 부상했다. 그는 자신의 거대한 꿈을 거의 성취해 가고 있

---

13) 홍성철, 「불타는 전도자. 존 웨슬리」(1999. 세복) 211~215면 참조.

다. '20대에 이름을 날리고, 30대에 1천억 엔을 벌고, 40대에 사업에 승부를 걸고, 50대에 사업을 완성하고, 60대에 사업을 물려준다.' 약자라고 조상탓, 환경탓만 할 수 없다. 장기전을 펼치며 눈물로 실력을 길러야 한다. 미래를 예측하는 능력과 함께….

"주님, 눈물로 씨를 계속 뿌리게 하시고 절대로 포기하지 않게 하시고 미래를 예측하는 지혜를 주시고 끝내 실력자가 되게 하시고 그래서 주님을 위해 쓰임받게 하옵소서."

가난에서 탈출하는 습관

35세의 홀어머니가 키우던 4세, 6세 형제가 비닐하우스 화재로 목숨을 잃었다. 그녀는 이혼 후 성남시에서 두 형제를 어렵게 키워오던 중 공장 야간작업을 나갔다가 참변을 당한 것이다. 무엇이 두 아이를 죽였는가. 부주의인가? 아니다. 가난이다. 가난하지 않았다면 공장야근을 안 했을 것이고, 그랬다면 두 아이를 비닐하우스 화재로 잃을 이유도 없었다. 가난은 기아와 질병과 무지를 동반하는 살인자다. 가난하면 못 먹어서 죽고 병원치료를 못 받아서 죽는다. 가난 때문에 제대로 된 교육을 받지 못하면 자연히 도태된다. 가난은 살인자다.

유엔아동기금(UNICEF)에 따르면 파키스탄, 인도, 방글라데시, 나이지리아, 에티오피아, 콩고 등 세계 곳곳의 유아들이 1분에 10명꼴로 사망하고 있다. 2004년 현재, 5세 미만의 아이 중 25%가 영양실조로 인한 저체중이며 그 때문에 연간 560만 명이 목숨을 잃고 있다. 유엔

아동기금 평양사무소에 따르면 2002년, 영양실조에 걸리거나 응급구호를 못 받아 사망에 이른 어린이가 연간 7만 명에 달한다.[14]

6.25사변으로 사망한 북한군은 52만 명이다. 그런데 1990년대 중반 이후, 기아로 사망한 북한주민이 300만 명이다. 가난은 전쟁만큼 무서운 적이다.

주님은 죽음문제를 푸시려고(롬6:23) 직접 죽으셨고(요19:30) 죄문제를 푸시려고(요일1:7) 직접 피를 흘리셨고(마26:28, 히9:22) 저주문제를 푸시려고(갈3:13) 직접 나무 십자가에 달리셨고(행5:30) 질병문제를 푸시려고(마8:17) 직접 채찍에 맞으셨다(벧전2:24). 귀신문제를 푸시려고(요일3:8) 직접 유혹을 받으셨고(마4:1~11) 십자가로 승리하셨다(골2:13~15). 그리고 가난의 문제를 푸시려고(고후8:9) 주님은 머리를 두실 곳 없이(마8:20) 무소유를 몸소 실천하셨다. 우리 대신에 가난을 당하신 것이다. 주님이 직접 가난의 희생을 치르셨는데 왜 우리가 또 그것을 당해야 한단 말인가. 우리는 가난에서의 자유를 넘어 부요하게 번성해야 한다. 이것이 주님의 본심이시다.

정부도, 기업도, 교회도, 개인도 가난과 싸워 이기고 가난을 몰아내야 한다. 꾸준히 경제를 성장시키는 한편 가난한 사람에게도 성장의 결과가 돌아가는 사회 시스템을 만들어야 한다. 그리고 가난에서 탈출할 수 있도록 제대로 가르치고 도전의식도 심어줘야 한다. 사회 시스템 만큼 중요한 것이 가난에서 벗어나기 위한 개인의 습관이다. 백 가지의 사회 시스템이 갖춰졌다고 해도, 도전정신이 빠진다면 하류인생을 모면하기 어려울 것이다.

---

14) 정세진, "北어린이 年 4만명 영양결핍 사망" 동아일보(2005. 10. 10) A10면 참조.

물려받은 것도 없고 가진 것도 없는 사람이 가난의 함정에서 빠져나오려면 첫째로 자기 색깔을 분명히 해야 한다. 그러기 위해서 하나님의 사명이나 대의명분, 아니면 스스로 하고 싶은 것이나 잘 할 수 있는 것을 발견해야 한다. 자신을 꾸준히 탐색하면 가능하다.

둘째로 지혜, 지식, 정보를 계속 갈아줘야 한다. 새 시대를 감당하기 위해 솔로몬이 왕위에 나아가면서 절절히 하나님께 구한 것이 바로 이것이었다(대하1:10). 어항의 물을 갈아주듯이 지혜, 지식, 정보의 컨텐츠를 자꾸 갈아줘야 한다. 하늘의 것이든, 세상의 것이든 밝고 새로운 씨를 자기 안에 심어야 한다. 자기 자신을 성장시키는 것보다 더 중요한 것은 없다.

셋째로 밑바닥에서 저력을 길러야 한다. 아무리 가난의 골이 깊다고 해도 밑바닥에서 저력을 쌓다 보면 언젠가는 화려하게 날 수 있다. 북미지역의 매미 중에는 땅속에서 애벌레로 17년 동안 수액을 빨아먹으며 저력을 키운 뒤, 나무 위로 올라오는 것도 있다. 밑바닥에서 저력을 쌓은 사람은 기회가 오면 땅을 달리고 하늘을 날게 된다.

넷째로 장기전을 벌여야 한다. 이 시대의 대표적인 집단증후군은 바로 조급증이다. 스피드 시대, 디지털 시대를 거슬러 느긋한 농부의 마음으로 인생을 경영해야 한다. 하나님은 아브라함에게 이름을 창대하게 해 주고 복의 근원이 되게 해 줄 테니 고향을 떠나 가나안 땅으로 가라고 하셨다(창12:1~2). 그래서 아브라함은 고향을 등졌지만 가나안 땅으로 직진하지는 못했다. 그는 갈대아 우르를 떠나 하란에서 머문 후(창11:31) 마침내 가나안 땅에 들어갈 수 있었다. "아브람이 그 아내 사래와 조카 롯과 하란에서 모은 모든 소유와 얻은 사람들을 이끌고 가나안 땅으로 가려고 떠나서 마침내 가나안 땅에 들어갔더라(창 12:5)."

직진하면 좋으련만 세상을 사는 게 그렇게 녹록치 않다. 역사는 직선이 아니라 나선형이다. 나선형의 우여곡절을 겪으면서 더 나은 존재로 빚어지기 때문이다. 이것이 하나님의 훈련방식이다. 이스라엘 백성들은 40일도 안 돼서 도착 할 수 있는 가나안 땅에 들어가지 못하고, 40년 동안 광야에서 우여곡절을 겪어야만 했다. 영혼육과 환경의 복을 받기에는 부적절한 요소들이 제거되야 하는 세월이 필요했던 것이다. "…이는 다 너를 낮추시며 너를 시험하사 마침내 네게 복을 주려 하심이었느니라(신8:16)." 하나님의 본심은 우리가 고생하는 것이 아니라 행복하게 사는 것이다(잠10:22, 렘애3:33). 하나님은 실패한 사람은 일으키시나 포기하는 사람은 일으키실 수 없다. 인생은 실패했기 때문이 아니라 포기했을 때 끝장난다. 인생은 광야기간을 통과해야 하는 장기전이라는 사실을 명심하라.

불가능을 가능하게 하시는 창조주 하나님을 바라보고 저력을 키우면서 장기전을 벌이다 보면 마침내 부자가 되고 어느새 승자가 된다. 이삭은 점점 부유하다가 마침내 거부가 됐고(창26:13) 이스라엘 백성들은 점점 이기다가 마침내 가나안 왕 야빈에게서 완승을 거두었다(삿4:24).

공산주의 창시자 카를 마르크스(1818~1883)는 빚더미에 앉은 망명객이었다. 「자본론」을 썼지만 정작 자신의 자본을 만들지는 못했다. 그러나 그의 사상은 사후 100년이 넘도록 세계의 절반을 붉게 물들일 수 있었다. 이탈리아 혁명가 안토니오 그람시(1891~1937)는 네 살 때 식모가 떨어뜨리는 바람에 꼽추가 됐다. 그는 이탈리아 공산당을 주도한 죄목으로 10년간 투옥됐다가 폐결핵으로 46세의 짧은 나이에 생을 마감했다. 그러나 그가 쓴 「옥중서신」은 마르크스 이후 최고의 좌파 사상가로 불리게 만들었다. 존 버니언(1628~1688)이 12년간 감옥살이를 하면서 썼다는 「천로역정」은 영국인들에게 성경처럼 읽혔다. 더불어 조선 땅의 길선주 장로(1869~1935)까지 격동시켜 1907년의 평양 부흥운동을 촉발시키는 원인으로 작용했다. 그의 책은 지금도 세계인들의 애독서다. 이처럼 길고 짧은 것은 대어봐야 안다. 지금 우리가 읽는 구약성경이 주로 바벨론 포로기에 기록됐다고 하지 않는가. 가장 암울했던 시기에 가장 위대한 일을 했던 것이다. 약자의 장기전은 당대를 넘어 역사의 승리까지도 가능하게 해 준다.

다섯째로 남들의 평가에 초연해야 한다. 남들의 칭찬이나 비방에 민감하면 초지일관할 수 없다. 색깔을 분명히 하고 장기전을 벌이면 남들의 입방아에 오르내리게 돼 있다. 일일이 대응하면 본래의 궤도를 이탈하게 된다. 전진을 방해하는 비방과 욕설에도 불구하고 우리는 앞으로 나가야 한다. 인생도, 믿음도 전진하는 것이기 때문이다. "오직 나의 의인은 믿음으로 말미암아 살리라. 또한 뒤로 물러가면 내 마음이 저를 기뻐하지 아니하리라 하셨느니라. 우리는 뒤로 물러가 침륜에 빠질 자가 아니요…(히10:38~39)." 예수님은 먹기를 탐하고 포도주를 즐기는 사람이요, 죄인의 친구요(마11:19), 귀신들렸다는 비방을 당하셨다(요8:48). 그러나 아랑곳하지 않으시고 예수님은 자신의 길을 가셨다. 장애물 때문에 뒤로 물러가는 것은 개가 그 토하였던 것에 되돌아가고 돼지가 씻었다가 더러운 구덩이에 도로 눕는 것과 마찬가지다(벧후2:22). 롯의 아내는 뒤돌아보다가 소금기둥이 됐다(창19:26). 쟁기를 잡은 사람은 뒤돌아보지 말아야 한다(눅9:62). 출애굽 1세대는 애굽으로 되돌아가고자 하는 본성을 처리하지 못했다. "이에 서로 말하되 우리가 한 장관을 세우고 애굽으로 돌아가자 하매(민14:4)." 과거의 애굽에서 체질화됐던 본성을 처리하지 않고서는 미래의 가나안 땅에 들어갈 수도 없고 거기서 살 수도 없다.

가난은 살인자다. 영혼육과 환경의 가난을 몰아내고 번영하는 것은 하나님의 뜻이고 우리의 사명이다. 가난의 땅에서 벗어나 젖과 꿀이 흐르는 가나안의 땅으로 들어가야 한다. 우리의 자유와 번영을 위해 주님이 십자가의 형벌과 가난의 희생을 직접 당하셨다는 것을 굳게 믿고 가난에서 벗어나는 개인 습관을 길러야겠다. 자기 색깔을 분명히 하고 자신의 컨텐츠를 꾸준히 갈아주자. 저력을 기르고 장기전을 벌이자. 남들의 평가에 연연하지 말고 초연하게 전진하자. 그러면 마침내 영혼육과 환경의 가난에서 벗어나 번영하는 삶을 살게 될 것이다. 그 번영으로 주님을 섬기고 세상 사람들을 섬기도록 하자.

내 색깔이 주변의 사람들을 결정하고 나의 인생을 결정한다. 마음이 우중충하면 인생도 우중충하고 마음이 밝으면 인생도 밝다. 마음이 오락가락하면 인생도 오락가락하고 마음이 확실하면 인생도 확실하다.

광야시대의 출애굽 1세대는 마음이 우중충하고 오락가락하고 천박했다. 불평불만, 원망, 불신앙, 불순종, 메뚜기 자아상이 그들의 색깔이었다. 그렇게 출애굽 1세대들은 평생 광야훈련만 받다가 끝났다. 누구에게나 광야훈련은 필요한 것이지만 그것을 빨리 끝내야 한다. 치밀하게 계획하고 간절히 기도하고 끈질기게 노력해서 광야생활에 종지부를 찍어야 한다.

광야인생이 고달프고 힘들 때면 나는 '지렁이 퍼포먼스'를 했었다. 길바닥에서 말라죽을 운명에 처한 지렁이가 보일 때마다 그것을 기름진 곳에다 던져주면서 주님께 기도를 쏘아 올렸다. "주님, 제 인생도 광야에서 가나안 땅으로 이동시켜 주세요." 이는 광야시대를 탈출하겠다는 몸부림이었다. 지금은 광야시대가 끝나고 가나안시대가 열렸다는 확신이 든다. 고생이 끝나고 행복이 시작인 것이다. 이제는 지렁이 퍼포먼스 대신 '대추 퍼포먼스'를 한다. 아파트 공용화단의 나무에 대추들이 주렁주렁 열리면 주님께 기도한다. "주님, 대추 숫자만큼 영혼들을 주시고 일꾼들을 주세요." 대추 숫자만큼 성도들을 주시라는 퍼포먼스를 하는데 한두 번 대추나무를 흔들고 말겠는가. 10번도 넘게 힘껏 흔든다. 그러면 대추들이 후두둑 떨어진다. 어릴 적 고향의 한약방에는 엄청나게 큰 대추나무가 있었다. 그 나무에서 따낸 대추가 하도 많아서 마을 사람들과 아무리 나누어도 별로 줄어들지 않았다. 그처럼 하나님께서 성도들을 푹푹 퍼주시는 것을 상상해 본다. 그런 생각에 신이나 시장에서 대추를 한 바구니 사기도 했다. 추수감사주일에 주님께 대추를 넘치도록 드리고, 가정별로 나누려 한다. 가정마다 넘치는 수확을 꿈꾸면서 말이다.

　광야시대의 이스라엘 백성들은 40년 동안 하늘에서 내리는 만나를 먹었다(출16:35). 만나는 하나님께서 직접 주시는 기적의 양식이었다. 그들은 매일을 기적처럼 살았다. 그들을 향하신 하나님의 뜻은 만나를 먹고 사는 광야생활이 아니라, 땅의 열매를 먹고 사는 가나안생활이었다. 아쉽게도 출애굽 1세대는 땅의 열매를 맛보지 못했다.
　하지만 출애굽 2세대는 기적 같이 사는 것에 만족하지 않았다. 젖과 꿀이 흐르는 약속의 땅으로 들어가기 위해 요단강을 건넜다. 그들은 부모세대의 우중충하고 오락가락한 색깔을 탈피하고자 했다. 그들이 요단강을 건넌 후 길갈에서 할례를 행할 때, 하나님께서 "내가 오늘날 애굽의 수치를 너희에게서 굴러가게 하였다"고 선포하셨다(출5:9). 이는 출애굽 1세대의 노예 색깔이 벗겨져 나갔다는 뜻이 아니겠는가. 더 나아가 그들은 유월절까지 지켰다. 이로써 십자가 보혈로 완전히 새로워진 출애굽 2세대가 등장한 것이다.
　출애굽 2세대처럼 우리도 과감하게 요단강을 건너야 한다. 그리고 마음의 할례를 받고 십자가 보혈을 덧입어야 한다. 그래서 "우리는 스스로 보기에도 메뚜기 같으니 그들의 보기에도 그와 같았을 것이니라(민13:33)"는 메뚜기 자아상을 버리고 "그들은 우리 밥이라(민14:9)"는 승자 자아상을 가져야 한다.

　하늘의 만나를 먹고 하루하루 기적 같이 연명하는 것이 아니라 가나안 땅을 정복하며 다스리고 그 땅의 열매를 풍족하게 먹고 살아야 한다. 출애굽 2세대가 요단강을 건넌 후 할례와 유월절을 통해 전혀 새롭게 탄생되자 기적 같은 만나가 뚝 그쳤다. "유월절 이튿날에 그 땅 소산을 먹되 그 날에 무교병과 볶은 곡식을 먹었더니 그 땅 소산을 먹은 다음 날에 만나가 그쳤으니 이스라엘 사람들이 다시는 만나를 얻지 못하였고 그 해에 가나안 땅의 열매를 먹었더라(수5:12)." 기적 같은 만나를 먹고 연명해야 할 때가 있다. 그것도 하나님의 선하신 축복이다. 그러나 더 나은 축복은 하늘의 만나가 아니라 땅의 열매다. 하늘에서 내리는 만나나 까마귀가 물어다 주는 양식을 먹고 사는 것은 광야인생이다. 땅을 가꾸고 수고한 대가로 풍족하게 먹고 사는 인생이 더 나은 축복인생이다. "네가 네 손이 수고한 대로 먹을 것이라. 네가 복되고 형통하리로다(시128:2)."

하나님의 은혜로 기적 같은 도움을 받았다고 간증하는 인생이 아니라 땀을 흘려 수고했더니 하나님께서 축복하셔서 풍성하게 거두었다고 간증하는 인생을 살아야 한다. 하나님은 우리가 광야시대를 마감하고 젖과 꿀이 흐르는 가나안시대를 맞이하길 원하신다.

마음 색깔을 바꾸고 광야훈련을 빨리 끝내자. 믿음으로 용감하게 요단강의 장애물을 건너자. 십자가 보혈을 덧입고 승리를 선포하자. 그래서 우리의 가나안 땅을 정복하여 가꾸고 풍성한 열매를 거두자.

차이를 내는 인생

12제자들은 예수님을 따르는 데 있어 큰 대가를 치름으로써 다른 무리에 비해 큰 차이를 냈다. 그들 중에서 베드로, 야고보, 요한은 더 큰 차이를 보였다. 셋은 예수님과 함께 기도하러 높은 산에 올라가는 수고를 마다하지 않았다. 그 결과 셋은 영광스럽게 변모하시는 예수님을 뵐 수 있었다. 또한 율법을 대표하는 모세와 선지자를 대표하는 엘리야가 나타나 받드는 것도 확인 할 수 있었다. 예수님을 하나님의 아들이라고 말씀하시는 하나님의 음성도 들을 수 있었으며, 십자가 고난에 대해 털어놓으시는 예수님의 속내도 볼 수 있었다. 셋은 다른 제자들과 차이를 냄으로써 생전에 하나님의 나라를 미리 맛볼 수 있었고, 예수님의 정체성과 십자가 고난에 대한 정보를 더 빨리 접할 수 있었던 것이다(막9:1~10, 눅9:27~36). 셋은 예수님이 겟세마네에서 일사각오의 기도를 드리실 때에도 함께 있었다. 높은 산에 기도하러 올라갔을 때와 마찬가지로 셋은 밤을 이기지 못하고 졸았다. 그러나 졸면서도 보았고 들었다. 그래서 그 생생한 현장을 우리에게 들려주고 있는 것이다. 12제자 중에서 베드로는 가장 탁월한 사도가 됐고 야고보는 먼저 순교했으며, 요한은 마지막까지 살아남았다.

성공은 차이에서 나오고 차이는 창의력에서 나온다. 김영세 사장(1950년 출생)은 창의력 하나로 세계 산업디자인계를 평정했다. 그는 디자인보다 아이디어를 팔았다. 디자이너라기보다는 오히려 발명가에 가깝다. 그는 네모 시대에 삼각기둥 모양의 프리즘형 아이리버 MP3 플레이어를 디자인했다. 손잡이 시대에 목걸이형 아이리버 MP3 플레이어 디자인도 선보였다. 거기에다 디지털 카메라를 결합한 아이리버 MP3 플레이어 디자인까지 덧붙였다. 그렇게 해서 무명의 MP3 플레이어 회사였던 레인콤을 세계적인 기업으로 만들었다. 레인콤의 양덕준 사장은 이노디자인의 김영세사장을 만남으로써 성공한 벤처기업가가 될 수 있다. 그는 고급 골프클럽을 안전하게 보호해 주고 골프공, 신발, 재킷, 우산도 넣을 수 있는 특수 플라스틱 재질의 여행용 골프가방 '프로텍'을 디자인해 IDEA 동상을 받았다. 자동 자물쇠 결합형 지퍼를 디자인해 IDEA 은상도 차지했다. 가재 모양의 세 발 달린 휴대용 가스버너를 디자인해 IDEA 금상까지 거머쥐었다.

그러는 사이 1986년 미국의 실리콘밸리에 설립된 그의 (주)이노디자인은 세계최고 수준의 디자인회사로 성장했다. 지금 2천만 명의 세계인들이 그가 디자인한 기기들을 사용하고 있다. 그의 꿈은 세상의 모든 기기에 'design by INNO'를 새기는 것이다. 그는 창의력을 마음껏 활용할 수 있는 디자이너의 길을 걷게 하신 주님께 감사하면서, 오늘도 남들과 다른 생각을 하는데 몰두하고 있다. 생각의 차이가 세상을 새롭게 창조함으로써 세상을 더 잘 섬기게 된다.

주님은 구원주이시기 전에 창조주이시다(요1:1~3, 골1:16). 우리는 죄로부터 구원받아야 하고 또한 창조적으로 살아야 한다. 그러기 위해서는 세 가지 사역을 하여야 하는데, 첫째는 죄인을 위한 복음사역이요, 둘째는 어려운 계층을 위한 복지사역이다. 마지막으로 셋째는 세상을 변화시키는 창조사역이다. 창조적인 생각이 창조적인 세상을 만든다.

어떻게 창조적일 수 있는가. 성령충만하면 된다. 성령 하나님은 지혜와 명철, 모략과 재능, 지식의 영이시기 때문이다. "여호와의 신 곧 지혜와 총명의 신이요, 모략과 재능의 신이요, 지식과 여호와를 경외하는 신이 그 위에 강림하시리니(사11:2)." 성령 하나님은 창의력의 원천이다. 치유나 축귀, 방언을 구하기 전에 창의력을 구해야 하겠다.

성경은 우리에게 창의적인 신앙모델들을 제시하고 있다. 베드로가 물 위로 나선 것, 마리아가 머리카락으로 예수님의 발을 씻은 것, 지붕을 뚫고 중풍병자를 달아내린 것, 삭개오가 뽕나무 위로 올라간 것, 혈루증 여인이 예수님의 뒤에서 겉옷을 만진 것이 그렇다. 창의는 엉뚱하고 과감하고 모험적이고 도전적이다. 그래서 차이를 낸다.

인생과 사업, 신앙도 차이를 내야 한다. 차이를 내는 자가 진정하게 세상을 섬기는 자다. 기도 하나에도 차이를 내야 한다. 오래 헌금하면서 확실한 기도목표를 정해 놓고 기도하면 차이가 난다. 소위 '일천번

제' 기도가 그렇다. 새벽에 기도하는 것, 밤을 새워 기도하는 것, 금식하면서 기도하는 것, 성경을 읽으면서 기도하는 것, 찬양하면서 기도하는 것, 합심으로 기도하는 것, 무릎을 꿇고 손을 들고 기도하는 것도 차이가 난다.

　차이는 창의력에서 나온다. 창의력은 성령 하나님께 구하거나 우리 안에 있는 창의력의 광산을 파는 집중을 반복함으로써 얻을 수 있다. 창의력을 주시라고 간절하게 기도하자. 또 우리 안에 있는 창의력의 광산을 깊이 파자(잠20:5). 그래서 인생과 사업, 신앙에 차이를 내자. 차이를 내는 자가 진정하게 주님과 세상을 섬길 수 있다. 다윗의 많은 용사들 중에는 자기 시대를 읽어내는 참모들이 있었다. "잇사갈 자손 중에서 시세를 알고 이스라엘이 마땅히 행할 것을 아는 두목이 이백 명이니…(대상12:32)." 시세, 즉 시대의 흐름을 알아야 한다. 달라진 시대에는 달라진 과제가 요구되기 때문이다.

　시간이 흐를수록 미세한 차이가 세상변화를 주도하게 될 것이다. (주)PN Rice의 나준순 사장은 경남 김해시와 2년간 씨름한 끝에 방치돼 있던 터널을 쌀 저장창고로 활용할 수 있게 됐다. 터널은 지하동굴처럼 사계절 내내 서늘한 까닭에, 오래된 쌀을 햅쌀처럼 신선하게 보관할 수 있다. 그는 친환경 쌀을 구입해 이온수로 씻은 뒤, 터널에 저장해 놓고 자체 브랜드로 판매한다. 그렇게 2005년 현재, 올린 매출이 250억 원이다. 차이창조가 곧 가치창조, 행복창조, 세상변화를 낳는다. 차이창조는 시대적인 과제다. 차이를 창조하려면 내적인 창의성을 마음껏 분출하게 하는 자유가 있어야 한다. 우리를 누르는 죄, 저주,

가난, 질병, 귀신, 미신, 무지, 편견, 이념, 규칙, 제도, 타인, 환경의 억압으로부터 자유로워야 한다. 자유에서 차이가 창조되기 때문이다.

헨리 포드(1863~1947)는 대중용 보통자동차를 만들고 싶었다. 그래서 1899년 몇 명의 투자자들과 함께 '디트로이트오토모빌'을 차렸다. 그런데 2년 후 자동차 디자인에 관해 후원자들과 이견이 생겼다. 그는 미련 없이 회사를 떠나 새로운 후원자들과 손잡고 '헨리포드'를 세웠다. 그러나 회사 설립방식을 둘러싸고 후원자들과 또다시 대립하게 되는 상황이 벌어졌다. 그는 모든 것을 포기하고 1년 뒤, '포드모터'를 세웠다. 그 결과 마음껏 자유를 구가하면서 차이를 내는 자동차를 만들 수 있었다. 그는 자신의 자동차를 통해 대중의 가치와 행복을 창조했다. 그리고 세상을 바꾸어 놓았다. 자유는 참으로 소중하다. 자유에서 차이를 내는 창조가 나오기 때문이다.

주 예수님은 우리에게 자유를 주시려고(갈5:1) 이 세상에 오셔서 십자가를 지셨다. 주님이 지신 십자가의 효능은 저주를 푸는 자유다(갈3:13~14). 성령님의 사역도 자유하게 하는 것이다(눅4:18). 성령님이 임하시면 자유함이 있다(고후3:17). 어떡하면 성령님이 임하시는가. 주님을 사랑하고 주님을 자랑하고 주님께 영광을 돌리면 된다. 성령님이 주님 자신의 영(행16:7), 주님을 증거하는 영(요15:26, 요일5:7), 주님을 영광스럽게 하는 영(요16:14)이시기 때문이다. 십자가를 둘러싼 주님의 고난을 깊이 생각하라. 그러면 십자가의 효능이 흘러들어 자유충만 하고 성령님의 능력이 흘러들어 능력충만하게 될 것이다. 그 결과 차이

창조도 발생하게 될 것이다.

마음이 착하고 좋으면 겨자씨 한 알 같은 무게의 말씀이라도 이기지 못하고 깊이 파묻어 키울 것이다. "좋은 땅에 있다는 것은 착하고 좋은 마음으로 말씀을 듣고 지키어 인내로 결실하는 자니라(눅8:15)." 이에 반해 마음이 돌밭 같으면 납덩어리 같은 무게의 말씀일지라도 내팽개칠 것이다. 말씀의 무게가 문제가 아니고 마음의 품질이 문제다.

"낮이나 밤이나 눈물을 머금고 내 주님이 오시기만을 고대합니다. 가실 때에 다시 오마 하신 주님, 언제나 오시렵니까. 쓸쓸한 빈 들판에서 희미한 등불만 밝혀 놓고 오실 줄만 고대합니다. 먼 하늘에 이상한 구름만 떠올라도 행여나 내 주님이 오시는가 합니다. 천 년을 하루 같이 기다리신 주님, 내 영혼이 당하는 것을 보실 수 없어 이 시간도 기다리고 계신 내 주님, 지금 오시옵소서."

손양원 목사님의 이 소망이 우리의 마음이길 바란다. 우리가 주님을 생각하고 사랑하고 자랑하며 영광을 돌리면 성령님을 통해 심방하신다. 수시로 우리의 마음을 열어 고백하자. "주님을 사랑합니다. 주님을 자랑합니다. 주님께 영광을 돌립니다." 형편이 초라해도 상관없다. 진실한 마음이면 모든 것을 드리는 셈이다. 최고의 선물은 자기 자신을 드리는 것이다. 그런데 주님은 몸 제사를 받지 않으시고 우리의 마음 제사를 받으신다. 진실한 마음이 곧 자기 자신이기 때문이다. 주님께 진실한 고백을 드리자. 빌고는 한 때의 잘못으로 3년 형을 살아야 했다. 출감 전에 그는 옛 애인에게 편지를 보냈다. "아직도 나를 받아줄 수 있다면 마을 어귀의 떡갈나무에 노란 손수건을 달아 달라. 만약 노란 손수건이 걸려 있지 않으면 돌아가지 않겠다." 그가 탄 버스가 마을 어귀에 들어섰을 때, 떡갈나무는 온통 노란 손수건들이 물결치고 있었다. 이 이야기는 미국의 월간지 '리더스 다이제스트'에서 오래 전에 다뤘던 실화다. 우리도 사랑하는 주님의 심방을 사모하며 이런 퍼포먼스를 해야 한다. 미치도록 주님의 심방을 그리워하자.

"…너희가 여호와와 함께 하면 여호와께서 너희와 함께 하실지라. 너희가 만일 저를 찾으면 저가 너희의 만난 바 되시려니와 너희가 만일 저를 버리면 저도 너희를 버리시리라(대하15:2)."

진실한 마음을 드리는 것만큼 중요한 것은 성경말씀의 설교를 받아들이는 진지한 자세다. 믿음은 설교를 듣는 데서 생긴다. "그러므로 믿음은 들음에서 나며 들음은 그리스도의 말씀으로 말미암았느니라(롬10:17)." 믿음을 얻으려면 설교를 듣는 수밖에 없다. 구원의 믿음을 얻으려면 구원의 설교를, 산을 옮기는 믿음을 얻으려면 산을 옮기는 설교를 들어야 한다. 성경말씀을 선포하는 설교가 믿음의 에너지를 제공하기 때문이다. 설교를 들으면 믿음이 생기고 믿음이 생기면 성령님이 임하신다.

고넬료는 주님의 말씀을 사모해서 식구들과 친구들을 모아놓고 베드로가 오기를 학수고대했다. 베드로가 심방하자 마치 주님이 심방하시기라도 한 것처럼 베드로의 발밑에 엎드려서 절했다(행10:24~25). 그만큼 주님의 말씀을 사모했던 것이다. 베드로가 선포한 설교의 내용은 주님에 관한 말씀과 주님이 하신 말씀이었다(행10:37~43). 그 설교를 듣고 믿음이 생기자 성령님이 강하게 임하셨다. "베드로가 이 말 할 때에 성령이 말씀 듣는 모든 사람에게 내려오시니 베드로와 함께 온 할례 받은 신자들이 이방인들에게도 성령 부어 주심을 인하여 놀라니(행10:44~45)." 성경말씀이 선포되는 설교를 들으면 믿음이 생기고 믿음이 생기면 성령님이 심방하신다.

모든 것이 남아도는 과잉시대다. 이런 시대에는 차이를 내지 않으면 안 된다. 차이를 내려면 자유 속에서 잠재력을 최대한으로 발휘해야 한다. 그러려면 성령충만이 필수적이다. 뜨거운 마음 곧 열정은 영어로 Enthusiasm이다. 이는 '하나님 안에 있다(en+theos)'는 뜻이다. 우리가 하나님 안에 있으면 뜨거운 마음을 갖게 된다는 것이다. 우리가 어떻게 하나님 안에 있을 수 있는가. 성령님을 통해서다. "그의 성령을 우리에게 주시므로 우리가 그 안에 거하고 그가 우리 안에 거하시는 줄을 아느니라(요일4:13)." 우리는 주님을 생각하고 사랑하며, 자랑하고 영광을 돌려야 한다. 더불어 성경말씀을 경청하면 성령충만 하게 된다. 때문에 자유가 충만하고 열정이 충만하고 능력이 충만하고 그래서 차이를 창조하는 인생을 살게 되는 것이다.

"예수사랑, 예수자랑, 예수영광, 말씀경청."
"성령충만, 자유충만, 열정충만, 능력충만."
"차이창조, 가치창조, 행복창조, 세상변화."

생각의 궁기를 벗고 시야를 밝혀라

도요타 자동차는 일본에서 처음으로 순익 1조 원을 올린 세계 일류급 회사다. 그런데도 경영진은 '도요타 타도'를 외친다. 날마다 변신을 거듭함으로써 궁색한 기운이 감돌지 않도록 해야 한다는 것이다.

삼성전자는 도요타와 맞먹는 우리나라의 자존심이다. 그럼에도 불구하고 이건희 회장은 "5년, 10년 후를 생각하면 등골이 오싹하고 잠이 안 온다"며 너스레를 떤다. 잘 나갈 때 기름칠을 해야지 그렇지 않으면 궁기로 녹슨다는 것일 테다.

우리는 솔개로부터 배워야 한다. 솔개는 40년을 살면, 부리와 발톱이 노화되고 깃털이 두꺼워져 날기가 힘들어진다. 그 때 솔개는 산 위로 올라가 바위를 쪼아 부리를 빠지게 한다. 그 후 새 부리로 발톱과 깃털을 뽑아낸다. 그러한 과정을 반년 동안 거치면서 완전히 새롭게 변신한 솔개는 30년을 더 살게 된다.[15] 옛 것을 벗겨내야 새 것이 나오

---
15) 구해우. "한국 보수가 솔개에게 배울 것" 조선일보(2005. 5. 18) A35면 참조.

고 그래야만 장수할 수 있다. 인생에는 항상 궁기가 찾아오게 된다. 궁기를 벗겨내야 반질반질한 인생을 살 수 있다. 매일 양치질을 하듯이 궁기를 닦아내고, 스케일링을 하듯이 궁기를 대대적으로 벗겨내야 한다. 가장 먼저 벗겨내야 하는 궁기는 생각의 궁기다.

생각이 궁하면 믿음도 궁하고 믿음이 궁하면 인생도 궁하다. '아버지가 신 포도를 먹으면 아들의 이가 시리다'는 이스라엘 속담은(출20:5, 겔18:2). 아비가 죄를 지으면 자식이 그 죄 값을 치러야 한다는 의미를 담고 있다. 이처럼 부정적인 고정관념의 덫에 걸리면 현재의 고생은 어쩔 수 없다는 숙명론에 빠지게 된다. 이스라엘 백성들은 대대로 이런 집단숙명론에 빠져 있었다. 그러나 '고생'이란 의미를 가지고 있는 자기 이름의 한계를 넘어서 야베스는 과감하게 기도했다. "야베스가 이스라엘 하나님께 아뢰어 가로되 원컨대 주께서 내게 복에 복을 더하사 나의 지경을 넓히시고 주의 손으로 나를 도우사 나로 환난을 벗어나 근심이 없게 하옵소서 하였더니 하나님이 그 구하는 것을 허락하셨더라(대상4:10)."

고정관념을 깨뜨리고 생각에 차이를 주자, 믿음이 바뀌고 기도가 바뀌어 마침내 인생의 차이를 낳았다. 새 술은 새 부대에 담는다. 새 술을 성령의 능력이라고 한다면 새 부대는 새 생각이다. 새 생각이 새 믿음을 초래하고, 새 믿음이 새 사건을 초래한다.

생각의 전환은 인생의 전환이다. 새로운 생각이 새로운 인생을 초래한다. 가장 먼저 예언의 성취를 체험한 사람들은 놀랍게도 생각의 궁기를 떨쳐버린 문둥병자들이었다. 사마리아 성문입구에 네 명의 문둥병자가 앉아 있었다. 그들은 '여기서 굶어 죽으나, 적에게 잡혀 죽으나 마찬가지'라는 생각으로 양식을 찾아 아람의 적진으로 들어갔다. 그렇게 생각을 바꾸었을 때 이미 거기에 기적이 일어나 있었다. 간밤에 아람 군대가 혼비백산해서 곡식을 남기고 도주한 것이다. 덕분에 그들은 마음껏 포식할 수 있었다.

생각이 궁하면 믿음과 자아상, 그리고 인생도 궁하다. 열 정탐꾼이 그랬다. "우리가 두루 다니며 탐지한 땅은 그 거민을 삼키는 땅이요(민13:32)." 생각이 궁색하다. "우리는 능히 올라가서 그 백성을 치지 못하리라. 그들은 우리보다 강하니라(민13:31)." 믿음이 궁색하다. "우리는 스스로 보기에도 메뚜기 같으니 그들의 보기에도 그와 같았을 것이니라(민13:33)." 자아상이 궁색하다. 생각의 궁기는 기적을 체험하지 못하게 하는 것을 넘어서 죽음까지도 초래한다. 열 정탐꾼은 하나님의 재앙을 맞아 죽임을 당했다(민14:36~37). 그에 반해 여호수아와 갈렙은 생각이, 믿음이, 자아상이 달랐다. "우리가 두루 다니며 탐지한 땅은 심히 아름다운 땅이라(민14:7)." 생각이 풍요하다. "여호와께서 우리를 기뻐하시면 우리를 그 땅으로 인도하여 들이시고 그 땅을 우리에게 주시리라(민14:8)." 믿음이 풍요하다. "그 땅 백성을 두려워하지 말라. 그들은 우리 밥이라(민14:9)." 자아상이 풍요하다.

여호수아는 가나안 정복의 지도자가 됐고, 갈렙은 가나안의 넓은 땅을 차지했다. 생각의 풍요가 인생의 풍요를 초래한 것이다. 하나님과 기적, 풍요를 체험하는 인생이 되려면 생각의 궁기, 믿음의 궁기, 자아상의 궁기를 벗겨내야 한다. 12년 동안 혈루증에 시달린 여인은 온통 궁기에 찌들어 있었다. 의원들을 찾아다니느라 많은 돈을 썼지만 증상이 호전될 기미도 보이지 않았다. 그러던 중 예수님의 소식을 듣고 생각을 바꾸었다. 예수님의 소식을 듣고 받아들이면 생각, 믿음, 자아상이 바뀌고 기적이 일어난다. "예수의 소문을 듣고 무리 가운데 섞여 뒤로 와서 그의 옷에 손을 대니 이는 내가 그의 옷에만 손을 대어도 구원을 얻으리라 함일러라. 이에 그의 혈루 근원이 곧 마르매 병이 나은 줄을 몸에 깨달으니라(막5:26~9)." "하나님의 말씀은 살았고 운동력이 있어 좌우에 날선 어떤 검보다도 예리하여 혼과 영과 및 관절과 골수를 찔러 쪼개기까지 하며 또 마음의 생각과 뜻을 감찰하나니(히4:12)." 우리가 말씀으로 충만하면 생각, 믿음, 자아상이 새로워지고 그래서 인생도 새로워진다.

우리는 또한 기도로 부요한 생각, 부요한 믿음, 부요한 자아상, 그리고 부요한 인생을 구할 수 있다. 우리가 자신의 욕심을 위해 구하면 못받을 것이지만, 영혼구원과 영혼양육 곧 생명사업을 위해 구하면 받을 것이다. 그리고 먼저 행함으로써 보너스 인생을 살 수 있게 된다. "너희는 먼저 그의 나라와 그의 의를 구하라. 그리하면 이 모든 것을 너희에게 더하시리라(마6:33)." 인생에 궁기를 벗겨내고 풍요를 가져오는 첫째가 말씀충만이요, 둘째가 기도충만이라면 셋째는 행함충만이다. 행함이 인생의 풍요를 보장한다. 물론 거두기까지는 인내의 시간이 필요할 것이다. 말씀과 기도와 행함으로 인생의 궁기를 몰아내자.

AD 66년, 로마총독에 저항하는 유대인 반란이 일어나자 67년 네로 황제는 베스파시안(Vespasian) 장군에게 반란진압을 명령한다. 그리고 이집트에 주둔해 있던 아들 티투스(Titus) 장군을 반란진압에 동참시켰다. 부자가 이끄는 6만 명의 로마군단은 북부 갈릴리에서부터 반란군을 진압하면서 예루살렘 방향으로 남진하기 시작했다. 그러던 중 로마에서는 네로 황제가 자결했고 1년 사이에 4명의 황제가 교체됐다. 69년 드디어 베스파시안 장군이 황제에 추대됐다. 그는 당시 29세의 젊은 아들 티투스 장군에게 유대인 반란진압을 맡겼다. 70년 로마군이 예루살렘을 공격한 지 5개월 만에 성벽이 무너졌고, 결국 헤롯 왕이 증축했던 두 번째 예루살렘 성전은 축대 일부만 남은 채 완전히 파괴되고 말았다. 그런 격동기에 예루살렘 성 안에 갇혀 있던 유대인들은 로마군과 끝까지 싸우자는 강경파와 로마군과 협상하자는 온건파로 나뉘었다. 그 때 온건파를 주도하던 지도자는 유명한 랍비 '요하난 벤 자카이'였다.

그는 머잖아 예루살렘 성이 무너지고 성전이 파괴될 것을 예견했다. 그러던 중 그가 중병에 걸렸다는 소문이 나돌기 시작하더니 끝내 사망 소식이 알려졌다. 성 안에는 묘지가 없었기 때문에 제자들이 그의 관을 메고 성 밖에서 장례를 치루고자 했다. 유대인들은 시신을 직접 볼 수 없기 때문에 강경파들은 그의 시체를 칼로 찔러 생사를 확인하고자 했다. 하지만 제자들이 스승의 시신을 모독할 수 없다며 강하게 반발하자 강경파도 어쩔 수 없었이 그냥 보내 주었다. 그렇게 그의 관이 로마군 전선까지 가게 되었는데 로마 군인들 역시 칼로 찔러 생사를 확인하겠다고 했다. 제자들은 거세게 항의했다.

"우리 스승의 관입니다. 로마황제의 관이라도 칼로 찌를 것입니까?

게다가 우리는 비무장한 민간인이지 않습니까!"

그렇게 그의 관은 티투스 장군에게로 도착했다. 하지만 죽었다는 소문과 달리 벤 자카이는 관에서 나와 티투스 장군에게 간청했다.

"장군에게 로마황제를 대하는 것과 같은 경의를 표합니다."

티투스는 감히 로마황제를 모독한다며 버럭 고함을 질렀으나 그는 당황하지 않았다.

"아닙니다. 장군은 반드시 로마황제가 될 것입니다."

그의 확신에 찬 말에 티투스 장군이 서둘러 입을 막으며 말했다.

"그런 얘기는 그만 둡시다. 나를 찾아온 이유나 말해 보시오."

"소원이 한 가지 있습니다. 방 한 칸짜리라도 좋으니 작은 학교를 하나 지어주시고 무슨 일이 있어도 그것만은 없애지 말아주십시오."

티투스 장군은 그의 요청을 대수롭지 않게 여기고 허락했다. 예루살렘 성이 무너지고 성전도 파괴됐다. 그러나 그 학교를 통해 유대민족의 신앙, 전통, 정신, 지식은 계승될 수 있었다. 그 결과 오늘날 유대인들은 세계 각 분야에서 막강한 권력을 행사하고 있다.

후대에게 재산을 남겨주는 것은 수십 년을 넘기지 못하지만, 가슴에 정신을 심어주는 교육은 수천 년을 넘긴다. 조국의 장래를 책임질 차세대의 가슴에 주님에 대한 사랑의 불씨, 주님나라와 복음전파에 대한 사명의 불씨를 심어주는 교육보다 더 급하고 중요한 것이 어디 있겠는가. 우리 기성세대가 그렇게 하지 않으면 조국의 장래는 없다. 우리 기성세대는 주님께 헌신하되 무엇보다 차세의 가슴에 하늘의 불씨를 심어주는 교육에 헌신해야 한다. 그리하면 조국의 장래는 밝을 것이다. 우리도 벤 자카이의 눈으로 현실을 직시하고 먼 장래를 내다보아야 할 것이다. 치밀하게 조국의 현실을 분별하고 예리하게 조국의 장래를 꿰뚫어 보아야 한다.

지금 조국은 세계적으로 상당한 위상을 차지하는 것처럼 보인다. 그러나 무너져 가는 북한을 가슴에 품고, 비상하는 중국을 앞서려면 대단한 정신력과 막강한 경제력으로 무장해야만 한다. 그렇지 않으면 장차 북한의 빚더미를 짊어지고, 중국의 발바닥 밑에서 신음하는 아시아 변방의 약소국으로 다시 전락할지도 모른다. "네게서 날 자들이 오래 황폐된 곳들을 다시 세울 것이며 너는 역대의 파괴된 기초를 쌓으리니 너를 일컬어 무너진 데를 수보하는 자라 할 것이며 길을 수축하여 거할 곳이 되게 하는 자라 하리라(사58:12)." 북한을 가슴에 품고 세계를 향해 복음을 전할 차세대를 양육해야 한다는 부담감으로 우리 충인교회는 이미 주니어 비전스쿨(Junior Vision School)을 가동한 바 있다. 이 비전스쿨은 말씀훈련을 통해 청소년들에게 비전의 날개, 리더십의 근육, 전문성의 발톱을 달아주는 데 초점을 맞추고 있다. 비전 스쿨은 방대한 독서량을 기본으로 하는 독서스쿨, 다양한 분야의 멘토들을 만나는 멘토스쿨, 영성과 함께 리더십을 함양하는 리더스쿨을 세 기둥으로 하고 있다. 일단 우리 충인교회에서 초등부 12명, 중등부 12명으로 시작됐지만 장차 개교회와 지역사회를 넘어 조국을 섬기는 차세대 사역의 모델로 나갈 것을 확신한다.

눈이 밝으면 하나님의 눈에 든다. "폐하시고 다윗을 왕으로 세우시고 증거하여 가라사대 내가 이새의 아들, 다윗을 만나니 내 마음에 합한 사람이라. 내 뜻을 다 이루게 하리라 하시더니(행13:22)". 왜 하나님의 눈이 다윗을 찾으신 것인가. 눈이 밝았기 때문이다 "이에 보내어 그를 데려오매 그의 빛이 붉고 눈이 빼어나고 얼굴이 아름답더라. 여호와께서 가라사대 이가 그니 일어나 기름을 부으라(삼상16:12)." 다들 블레셋의 거인장수 골리앗 때문에 혼비백산해 있을 때, 그의 눈은 함께 하시는 하나님을 보았고 또 골리앗의 빈 이마를 보았다. "이스라엘 모든 사람이 그 사람을 보고 심히 두려워하여 그 앞에서 도망하며(삼상 17:24)." 이스라엘 병사들의 눈은 골리앗만 보고 하나님은 보질 못했다. 그러나 그의 시력은 집단의 공포 속에서도 하나님을 발견했다. "다윗이 블레셋 사람에게 이르되 너는 칼과 창과 단창으로 내게 오거니와 나는 만군의 여호와의 이름 곧 네가 모욕하는 이스라엘 군대의 하나님의 이름으로 네게 가노라. 오늘 여호와께서 너를 내 손에 붙이시리니 내가 너를 쳐서 네 머리를 베고…(삼상17:45~46)." 그의 빼어난 눈은 중무장한 골리앗한테서 맨 이마도 잡아냈다.

"블레셋 사람이 일어나 다윗에게로 마주 가까이 올 때에 다윗이 블레셋 사람에게로 마주 그 항오를 향하여 빨리 달리며 손을 주머니에 넣어 돌을 취하여 물매로 던져 블레셋 사람의 이마를 치매 돌이 그 이마에 박히니 땅에 엎드러지니라(삼상17:48~49)." 그의 눈은 집단의 공포 속에 계신 하나님과 중무장한 적장한테서 맨 살을 포착했다.

눈이 밝으면 자신과 남과 하나님을 제대로 볼 수 있다. 더불어 환경을 제대로 보고 현재를 치밀하게 보며 미래를 꿰뚫어 본다. 그 결과 당연히 성공과 승리의식으로 충만하게 된다. 여호수아와 갈렙이 그랬고 다윗이 그랬다. 우리도 저들처럼 눈이 밝으면 하나님이 발탁하신다. 우리는 주님을 생각하고 사랑하며, 자랑하고 영광을 돌려야 한다. 더불어 성경 말씀을 경청하면 성령충만 하게 된다. 때문에 자유가 충만하고 열정이 충만하고 능력이 충만하고 그래서 차이를 창조하는 인생을 살게 되는 것이다.

어느 분야에 종사하든지 눈이 밝아야 한다. 안력이 있어야 한다. 통찰력이 있어야 한다. 선발주자로 새 시장을 개척하는 게 나을지, 시장이 커질 때까지 기다리는 게 좋을지, 막차라도 타야 할지 제대로 치밀하게 꿰뚫어 보아야 한다. 안력의 차이가 인생의 차이를 만든다.

나와 남과 하나님을 보는 눈, 환경을 보는 눈, 현재와 미래를 보는 눈이 항상 밝아야 하겠다. 항상 성공의식, 승리의식으로 충만해야 하겠다. 그래서 우리도 다윗처럼 하나님의 뜻을 모두 이루어야 하겠다. 하나님은 빛으로 다가오시기 때문에 시린 눈을 비비고 빛을 보는 것은 우리의 책임이다. 때문에 잘 보면 우리의 인생이 밝을 것이다(눅11:33~34).

충성하되 표현하여 일류가 되라

　세상에는 많은 법칙이 있지만 특히 이 세 가지가 매우 중요한 것 같다. 자연법칙, 심리법칙, 영계법칙이 바로 그것이다. 몸이 자연법칙을 따라야 한다면 마음은 심리법칙을, 영은 영계법칙을 따라야 한다. 여기서 핵심은 심리법칙이다. 마음은 영을 담는 그릇이기 때문이다. 마음에 따라서 모든 게 결정된다. 사실 열정, 용기, 믿음, 인내는 다 마음의 문제다. 마음이 게으름을 선택하는 순간 열정은 없어지고, 마음이 두려움을 선택하는 순간 용기는 없어진다. 마음이 의심을 선택하는 순간 믿음은 없어지고, 마음이 포기를 선택하는 순간 인내는 사라진다. 결정적으로 중요한 것은 마음이다.

　착하고 좋은 마음이란 첫째로 듣고 배우는 마음의 겸손이다. 둘째로 배우고 깨닫는 마음의 지혜가 필요하다. 많이 배웠지만 깨달음이 없으면 변화도 없다. 그래서 주님은 듣는 것만큼이나 아니 그 이상으로 깨닫는 것을 강조하셨다. "이 모든 것을 깨달았느냐 하시니…(마13:51)." 셋째로 깨닫고 지키는 마음의 인내다. 열 개를 깨닫고도 하나를 지키지 못하면 아무 결실도 없다. 풍성하게 결실 맺는 인생을 살려면 마음이 착하고 좋아야 한다. 착하고 좋은 마음은 듣고 배우는 겸손, 배우고 깨닫는 지혜, 깨닫고 지키는 인내를 그 특징으로 한다. 그런 마음에는 겨자씨 한 알처럼 가벼운 말씀이 떨어져도 30배, 60배, 100배의 열매가 맺히기 마련이다. 늘 문제가 되는 것은 마음의 자세다. 마음이 믿음을 선택하면 기도하고 결심한 대로 된다. "내가 진실로 너희에게 이르노니 누구든지 이 산더러 들리어 바다에 던지우라 하며 그 말하는 것이 이룰 줄 믿고 마음에 의심치 아니하면 그대로 되리라(막11:23)." 많이 기도하고 결심해도 마음이 의심하면 아무 것도 이룰 수 없지만, 적게 기도하고 결심해도 마음이 믿음을 선택하면 그대로 된다.

미국의 찰리 패독은 올림픽 선수이자 또 웅변가였다. 그가 한 기술고등학교에서 강연을 하게 되었다.

"어떤 일을 굳게 확신한다면 반드시 그 일은 여러분의 생애에 일어나고 말 것입니다. 오늘 여기 모인 학생들 중에서 올림픽 선수가 될 사람이 없다고 누가 단언하겠습니까."

강연 후 빼빼 마른 흑인소년이 그를 찾아왔다.

"저도 선생님처럼 올림픽 선수가 되기위해서 무슨 일이든지 다 하겠어요."

그 말라깽이 소년은 1936년 베를린 올림픽에서 4개의 금메달을 딴, 제시 오웬즈다. 그가 4관왕이 된 후 클리블랜드 시가를 행진하고 있을 때 키가 작고 깡마른 소년이 말했다.

"저도 올림픽 선수가 될 수 있다면 무슨 일이든지 다 하겠어요."

그러자 오웬즈는 그 소년의 손을 붙잡고 대답했다.

"얘야, 그 말은 내가 했던 말이야. 열심히 훈련하고 노력하면 너도 반드시 올림픽 선수가 될 거야."

이 소년은 해리슨 딜러로 여러 개의 세계 신기록을 세운바 있다. 성공을 열망하는 사람이 있다면 그에게 필요한 충고는 이렇다. "이미 성공했다고 마음에 믿어라."

애나라는 소녀는 뉴욕의 한 고급 숍에서 허드렛일을 하고 있었다. 그녀는 상류사회 여성들의 모습을 훔쳐보면서 '나도 디자이너가 되고 의상실 주인이 돼야지.' 라고 생각했다. 그녀는 거울 앞을 지날 때마다 이미 그렇게 됐다고 상상하며 미소를 지었다. 아무도 눈치를 채지 못했지만 그녀는 자신만의 심리법칙을 즐겼다. '난 이미 여기의 주인이야. 항상 예의를 갖추고 최선을 다 하면서 매일 새로운 것을 배워야지. 내가 여기의 주인이라고 믿고 늘 열심히 하는 거야. 언젠가는 이곳의 주인이 될테니까.' [16] 마침내 그녀는 유명인사들을 상대로 하는 패션 디자이너 '마담 아네트'로 이름을 날릴 수 있었다.

우리가 점검해야 하는 것은 마음의 품질과 자세다. 착하고 좋은 마음이 결실을 맺으면 믿는 마음은 영혼육과 환경, 그리고 천하를 좌우한다. 착하고 좋은 마음, 또 믿음의 마음을 가꾸자.

우리나라 패션산업의 눈이고자 하는 패션 주간지 'Fashion Insight'의 황상윤 대표는 패션산업을 넘어서는 인생경영의 통찰력이

---

16) 로버트 콜리어. 「성취의 법칙」(북스넛. 2005) 128~129면 참조.

있다. 그에 따르면 우리가 말하는 고수는 모방의 천재다. 철저한 모방이 반복된 후 창조가 나오기 때문이다. 그의 생각은 이렇게 표현된다.

"하수 디자이너가 아무 것도 참고하지 않고 자신의 생각을 백지에다 그린다면, 고수 디자이너는 남들의 좋은 디자인을 보고 100배 확대해서 mm단위로 베낀다."

이 시대가 요구하는 것은 대범함이 아니라 꼼꼼함과 세밀함, 치밀함이다. 담력이 아니라 진지함이다. 전략이 아니라 주도면밀함, 용의주도함인 것이다.

현실의 정글을 하나님의 나라로 만들려는 크리스천이라면 우선적으로 주님과의 친밀한 관계, 즉 영성이 깊어야 한다. 하지만 그것과 함께 세 가지가 더 필요하다. 한계를 모르는 상상력, 끝까지 추진해서 결과를 만들어내는 뚝심, 그리고 꼼꼼하고 세밀한 전문성이다. 특히 전문성이 중요하다. 전문성이 없으면 상상력은 공허함으로, 뚝심은 무모함으로 끝날 수 있기 때문이다. 다윗은 돌 5개를 취했지만(삼상17:40) 한 방에 골리앗의 빈 이마를 적중시킬 정도로 능수능란했다. 그런 전문성이 그를 성공할 수 있게 만들었다. 그것은 끊임없는 노력으로 단련되었기 때문에 무의식적으로 튀어나오는 현장기술 같은 것이다.

아마추어가 교만에 빠져 있다면 프로는 좋은 디자인을 베끼는 겸손을 의도적으로 앞세운다. 그래서 마침내 자신만의 전문성을 터득하게 되는 것이다. 이는 아무리 작은 일이라도 철저히 구체적으로 충성한다. 하수는 자랑하지만 고수는 충성한다. "많은 사람은 각기 자기의 인자함을 자랑하나니 충성된 자를 누가 만날 수 있으랴(잠20:6)." 작은 것에 충성되면 큰 것에도 충성되고, 작은 것에 치밀하면 큰 것에도 치밀하다. 작은 것을 오래 하면 큰 것도 오래 한다. 사람을 파악할 때는 열심이나 재능보다 작은 일에 얼마나 열중하는 지 볼 필요가 있다.

하나님은 우주를 운행하시는 큰일에도 여전하시고, 까마귀 새끼를 먹이시는 작은 일에도 여전하시다(욥38:41). 하나님은 큰일도 작은 일도 영원히 반복하신다. 천년을 하루 같이(벧후3:8) 그러신다. 우리가 하나님처럼 그렇게 오래 신실하기는 어렵다 해도 야곱처럼 7년을 수일같이(창29:20) 신실할 수 있어야 하겠다. 처음에는 목숨을 걸 것처럼 뜨거운 믿음을 보이지만 몇 달을 넘기지 못하고 사라지면 '풍뎅이' 크리스천이다. 자신은 '장수하늘소' 나 되는 듯 착각하겠지만 풍뎅이일 뿐이다. 주님도 하늘의 군대를 이끌고 팡파르를 불며 오신 게 아니다. 겨자씨 한 알처럼 미미하게 오셨지만 하나님께 대한, 빛나는 충성심으로 끝내 '다 이루셨다(요19:30).' 작은 일일지라도 충성이 요구된다.

사랑의 교회가 북한 어린이 후원을 위해 동전을 모았는데 모두 420포대가 쌓였다. 그 많은 동전을 계산하기 위해 우리은행 직원 15명이 하루 7시간씩, 10일간이나 매달려야 했다. 총액은 9,850만 7,710원이었다. 은행원들의 성의에 감동한 사랑의 교회는 그곳에 50억 원을 예치했다. 작은 일에 충성하면 큰일을 맡게 되고 그것에도 충성하게 된다. 다윗은 작은 목양에 충성하더니 나중에 큰 국가통치에도 충성했다. 치밀하게 오래 하는 충성심, 이것이 윗분의 환심을 사는 첫째 요소다. 여기에 표현력까지 더하면 금상첨화다.

윗분은 외롭다. 충성하되 표현하라. 하나님은 숨어 있는 중심을 간파하시지만 사람은 드러난 표현에 좌우된다. 아니, 하나님도 속마음의 표현을 좋아하신다. 외로우시기 때문이다. 외로우시니까 그냥 하나이신 하나님이 아니요, 삼위일체이신 하나님이신 것이다. 그래도 외로우시니까 사귐을 위해 인간을 창조하셨다. 하나님은 에녹과 동행하셨고 아브라함을 벗으로 삼으셨다. 예수님은 제자들더러 친구라고 하셨다. 지금도 하나님은 온 세상을 두루 살피시며 친구를 찾고 계신다.

다윗은 충성스러우면서 표현력도 뛰어났다. 아버지의 작은 양떼를 충성스럽게 쳤는가 하면 하나님이 세우신 사울 왕을 직접 죽일 수 없다며 하나님에 대한 충성심을 과시했다. 그러면서도 수시로 애정을 표현했다. "나의 힘이 되신 여호와여, 내가 주를 사랑하나이다. 여호와는 나의 반석이시요, 나의 요새시요, 나를 건지시는 자시요, 나의 하나님이시요, 나의 피할 바위시요, 나의 방패시요, 나의 구원의 뿔이시요, 나의 산성이시로다(시18:1~2)."

표현하지 않아도 남들이 알아줄 것이라고 기대하지 마라. 남의 마음을 속속들이 헤아려줄 만큼 한가하지 않다. 작은 일, 맡은 일에 충성하되 애정표현 또한 게을리 하지 마라. 그것이 환심을 사고 성공하는 비결이 될 것이다.

모든 사람들을 포괄하는 보편주의와 뛰어난 사람들을 앞세우는 일류주의 중 옳은 것은 무엇인가. 성경에서는 둘 다 인정하고 있다. 하나님은 모든 사람이 구원을 받으며 진리를 아는 데 이르기를 원하신다(딤전2:4). 누구든지 주의 이름을 부르는 자는 구원을 얻는다(롬10:13). 자격조건이나 차별이 없다. 그러나 일꾼을 뽑는 데 있어서는 일류주의다. "허다한 무리가 함께 갈 새, 예수께서 돌이키사 이르시되 무릇 내게 오는 자가 자기 부모와 처자와 형제와 자매와 및 자기 목숨까지 미워하지 아니하면 능히 나의 제자가 되지 못하고 누구든지 자기 십자가를 시고 나를 좇지 않는 자도 능히 나의 제자가 되지 못하리라(눅14:25~27)." 대단한 자격조건을 충족시켜야만 주님의 일꾼이 될 수 있다. 그렇기 때문에 주님은 12제자를 선별하시기 전에 철야기도를 하셔야 했던 것이다.

"이 때에 예수께서 기도하시러 산으로 가사 밤이 맞도록 하나님께 기도하시고 밝으매 그 제자들을 부르사 그 중에서 열둘을 택하여 사도라 칭하셨으니 곧 베드로라고도 이름 주신 시몬과 및 그 형제 안드레와 및 야고보와 요한과 빌립과 바돌로매와(눅6:12~14)." 주님이 가려 뽑으신 12제자는 철저한 기준을 통과했고 무한한 잠재력을 가졌다는 측면에서 일류였다. 학식이나 문벌이 좋지는 않았으나 주님을 위한 헌신의 잠재력만큼은 타의 추종을 불허했다. 도마는 다섯 마리의 말에 몸이 찢겼고, 바돌로매는 산 채로 껍질이 벗겨졌으며 작은 야고보는 날카로운 톱에 두 동강이 났다.

성경에 따르면 먹고 살아야 하는 것, 그리고 구원받아야 하는 것에 있어서는 모든 사람들이 포괄되는 보편주의가 적용된다. 이에 반해 주님의 제자 그리고 주님의 일꾼이 되는 데 있어서는 엄격한 자격조건 무한한 잠재력 그리고 유능한 성취도를 요구하는 일류주의가 적용되는 것처럼 보인다. 영혼구원에 있어서는 보편주의가 옳고, 일꾼선발에 있어서는 일류주의가 맞다는 얘기다. 주님의 일을 감당하는 사역자가 되고자 하는 열망이 있다면, 스스로 일류주의 입장에서 자신을 연마해 나가야 할 것이다. "운동장에서 달음질하는 자들이 다 달아날지라도 오직 상 얻는 자는 하나인 줄을 너희가 알지 못하느냐. 너희도 얻도록 이와 같이 달음질하라. 이기기를 다투는 자마다 모든 일에 절제하나니 저희는 썩을 면류관을 얻고자 하되 우리는 썩지 아니할 것을 얻고자 하노라(고전9:24~25)." 우리는 일류가 돼야 한다. 인생도, 가정도, 일터도, 교회도 일류가 돼야 한다. 그것도 지역단위나 국가단위를 넘어서는 일류여야 한다. 세상에 단 하나뿐인 것이 일류다. 비슷한 것이 아니라 유일무이한 것이다.

이런 일류가 되기 위해서는 첫째로 일류의식을 가져야 한다. 1850년 스위스의 작은 산간마을 니더발트에서는 양치기의 13번째 아들로 '세자르 리츠'가 태어났다. 그는 마을 레스토랑의 종업원으로 시작해서 마침내 49세 때 파리에다 리츠호텔을 열 수 있었다. 그의 호텔은 마치 베르사이유 궁전을 옮겨놓은 듯이 화려했다. 그래서 영국 왕족은 물론 세계적인 명사들이 단골이 됐다. 향수로 유명한 가브리엘 샤넬은 무려 37년간 거기서 살았다. 당연히 그의 호텔은 일류가 됐고 그는 호텔리어들의 왕, 왕들의 호텔리어가 됐다.[17]

일류가 되는 데 필요한 첫째가 일류의식이라면 둘째는 일류실천이다. 긍정적인 사례는 아니지만 도쿄의 신주쿠 골목에 있는 이세토는 일본의 전통적인 바다. 거기서 파는 술이라고는 '하쿠다카'라는 브랜드의 청주 하나뿐이다. 그나마 1인당 2병까지만 마실 수 있고 큰 소리로 떠들어서도 안 된다. "손님이 왕"이라고 딴 가게들이 외칠 때 이세

---

17) 김승진, "호텔 판타지" 동아일보(2005. 2. 23) A27면 참조.

토는 "이 가게가 왕"이라고 꾸준히 외쳤다.[18] 처음부터 일류는 없다. 일류가 되고자 하는 의식과 남다른 실천이 일류를 만들 뿐이다.

1994년 교수 직선제로 이경숙 교수가 숙명여대 총장에 취임했을 때, 그녀의 책상 위에는 7억 8천만 원짜리 세금고지서가 놓여 있었다. 학교는 적자투성이였고 냉소주의가 지배적이었다. 학생, 교수, 교직원 누구나 할 것 없이 불만에 가득 차 있었다. 이듬해 그녀는 제2 창학을 선언하고 개교 100주년이 되는 2006년까지 발전기금 1,000억 원을 모아 학교 규모를 2배로 키우겠다고 밝혔다.

그녀는 지금도 여전히 새벽기도로 하루를 연다. 기도 덕분이었을까. 졸업생들을 대상으로 한 '등록금 한 번 더 내기'를 비롯한 모금운동이 효과를 거두기 시작했다. 12년이 지난 지금, 순수 모금액은 940억 원에 달한다. 수익프로그램 개발과 학교운영비 절감까지 합치면 벌써 1,000억 원의 모금이 끝난 셈이다. 이것뿐만이 아니다. 7개 공공기관에 넘어갔던 학교 땅을 어렵사리 되찾았고, 공원용지를 끝내 변경시킴으로써 땅 1만 2,000평을 캠퍼스에 추가시켰다. 그 결과 학교부지가 2배로 늘었고 건물도 17개나 새로 생겼다.[19] 국내외 자매결연 대학교도 6개에서 158개로, 교원도 211명에서 523명으로 늘었다.[20]

일류는 다름에서 시작된다. 1955년 출생한 입양아 출신의 스티브 잡스는 실리콘 밸리의 풍운아다. 그는 휴렛패커드에서 인턴으로 일하면서 컴퓨터를 배웠고 자기 집의 창고에서 애플 컴퓨터를 만들었다. 1984년 '매킨토시'를 내놓으면서 모니터에 떠 있는 화살표를 마우스로 움직이는 방식을 처음으로 선보였다. 명령어를 입력해야 했던

---

[18] 서화동. "세상에 하나뿐인 가게를 만들어라" 한국경제신문 (2005. 2. 18)
[19] 인간개발연구원. 숙명여대의 전성시대를 이룬, 섬기는 리더"
　　BETTER PEOPLE BETTER WORLD(2005. 2) 14~7면 참조.
[20] 신수정. "발품 팔아 940억 모금… CEO 다 됐죠" 동아일보(2006. 5. 17) A33면 참조.

MS~DOS는 기가 죽어야 했다. 하지만 애플이 영입한 전문경영자, 존 스컬리한테 쫓겨나는 수모를 당하기도 했다. 그러나 그는 주저 앉지 않았다. 3차원 디지털 애니메이션의 가능성을 보이던 픽사(Pixar)를 인수해 '토이 스토리'와 '인크레더블'을 성공시키면서 억만장자의 대열에 올랐다. 1996년 그가 애플로 되돌아왔을 때 그곳은 추락 중이었다. 시장에서는 애플용 소프트웨어와 부속기기가 자취를 감춘지 오래였다. "그렇다면 우리만의 완성품을 만들겠다."

그는 이렇게 선언하고 모니터와 키보드, 소프트웨어가 일체형인 '아이맥'(iMac)을 출시했다. 아이맥의 돌풍은 애플을 살려놓았다. 지금 그는 대용량 MP3 플레이어 '아이팟'(iPod)으로 디지털 음반산업을 주도하고 있다. 마이크로소프트의 빌 게이츠가 유능한 사업가라면 그는 기존관념을 깨는 선각자라고 할 수 있다. IBM이 '생각하라'는 모토를 내걸었을 때 그는 '다르게 생각하라'고 맞받았다.[21] 그는 자신의 아이디어로 세상을 바꿀 수 있다고 믿었다. "그레이엄 벨이 전화를 발명할 때, 시장조사를 했느냔 말이다. 나는 시장조사를 안 한다. 내가 바라는 것은 오직 혁신이다." 그는 기상천외한 아이디어로 세상을 놀라게 했고 비현실적인 목표를 세우는 데 일가견이 있었다. 미국 기업인들은 그를 세계에서 가장 창의적인 경영자로, 그의 애플을 세계에서 가장 혁신적인 회사로 평가한다.[22]

달라야 한다. 특별해야 한다. 그러면 덩치가 작아도 이길 수 있다. 종합쇼핑센터, 종합병원, 종합대학은 덩치도 크고 한 곳에 모든 것을 다 갖추고 있다. 작은 덩치들이 볼 때에는 도저히 넘볼 수 없는 난공불락이다. 그러나 특수전문매점, 특수전문병원, 특수전문대학이라면 싸

---
21) 김준석. "다르게 생각하라" 동아일보(2005. 2. 24) A27면 참조.
22) 고두현. "PC 아이콘의 창시자 '시대의 아이콘' 되다" 한국경제신문(2005. 8. 6) A23면 참조.

워 볼만 하다. 남다르게 가면 덩치가 작아도 이길 수 있다.

　덩치가 큰 골리앗과 싸우려고 다윗은 보디빌딩을 하지 않는다. 칼이 큰 골리앗과 싸우려고 칼을 장만하지 않는다. 중무장한 골리앗과 싸우려고 갑옷을 입지 않는다. 그저 자신만의 장기로 싸운것이 물매질이다. 결과적으로 골리앗의 칼은 재래식 무기였고 그의 물매질은 첨단무기였다. 달라야 한다. 남다른 구석이 없이는 일류가 될 수 없다. 처음부터 덩치가 큰 종합으로 갈 수 없다. 우선 특수전문으로 가야 한다. 깊이를 추구하면 넓이가 따라오고 다름을 추구하면 덩치가 따라온다. 달라야 한다. 특별해야 한다. 그래서 일류가 돼야 한다. 주님은 일꾼에 관한 한, 일류를 원하시는 게 아닌가. "…예수께서 베드로와 야고보와 요한을 데리시고 따로 높은 산에 올라가셨더니…(막9:2)." 예수님은 엄격한 선발기준에 따라 12제자를 뽑으셨지만 그 중에도 일류가 있었다. 일류경쟁은 여기서 끝나지 않았다. "예수의 제자 중 하나 곧 그의 사랑하시는 자가 예수의 품에 의지하여 누웠는지라(요13:23)." 그 3명 중에 가장 일류가 있었다는 것이다.
　이왕에 주님의 일을 감당하는 일꾼이 되고자 했다면 일류가 되는 게 좋겠다. 일류의식으로 무장하고 남다르게 실천함으로써 일류일꾼, 일류인생이 되자. 그것으로 끝내지 말고 스스로 일류의 봉우리를 깎고 하류의 골짜기를 메우자(사40:4). 결국에는 남는 것도 없고 모자라는 것도 없이 평평한 공동체를 만들자. "이제 너희의 유여한 것으로 저희 부족한 것을 보충함은 후에 저희 유여한 것으로 너희 부족한 것을 보충하여 평균하게 하려 함이라(고후8:13~15)".

땅땅거리고 살자

초기의 미국 이민자들이 1626년 맨해튼을 구입하면서 인디언들에게 지불한 돈이 24달러 정도의 장신구에 불과했다는 전설적인 이야기가 있다. 세월이 흘러 맨해튼은 뉴욕시의 금융 상업 중심지로 변모했다. 요즘 이 금싸라기 땅의 99%를 유대인이 독점하고 있다.[23] 유대인이 빠지면 미국경제는 껍데기다. 미국내 유대인은 미국인구 2억 8,100만 명의 2.5%인 700만 명 수준이지만 미국 은행현금의 97%를 차지한다. 2000년 10월 Forbes의 발표에 따르면 미국의 400대 자산가 중에서 유대인이 16%를 차지하고 있을 정도다. 1985년 유대인은 미국 최상위 부자의 26%를 차지하기도 했다.[24]

유대인은 미국경제는 물론 세계경제를 주름잡고 있다. 미국 중앙은행에 해당하는 FRB(연방준비제도이사회)의 앨런 그린스펀 의장, 세계 최대 규모의 금융지주회사 시티그룹의 샌 포드 웨일 회장, 세계적인

---

23) 이태규, 「한국의 부자인맥」(청년정신 2005) 79면 참조.
24) 김필재, "미국사회의 유태인 커넥션" 미래한국(2005. 6. 11) 15면 참조.

투자자문회사 골드만 삭스의 헨리 폴슨 회장, 세계 헤지펀드 업계의 대부로 통하는 조시 소로스, 세계최대 보험회사 AIG의 모리스 그린버그 회장이 다 유대인들이다.

유대 언론인들은 워싱턴포스트(WP), 뉴욕타임스(NYT), 월스트리트 저널(WSJ), 타임, 뉴스위크, CNN, CBS, NBC, ABC에서 주필, 정치평론가, 뉴스쇼 제작자와 같은 요직을 차지하고 있다. NYT, SWJ은 사주가 유대인이다. AP, UPI, AFP, Reuter 등 세계적인 통신사들도 다 유대인의 소유다. 헐리우드 7대 메이저 중에서 파라마운트, 20세기 폭스, 워너 브러더스, 콜롬비아, 유니버설, MGM등 역시 유대인에 의해 설립됐다.

독일계 등의 유대인들이 미국에 본격적으로 이주한 것은 150년 전이다. 그리 길지 않은 이민역사를 통해 유대인은 미국사회의 핵심세력으로 등장한 것이다. 유대인은 가는 곳마다 좋은 것을 독식한다. 세계 인구의 0.25%에 불과한 유대인이 세계 다이어몬드시장의 98%, 미국 유명대학 교수직의 30%, 노벨상의 25%를 삼켰다.[25] 민족사적인, 세계사적인 고난을 겪어오면서 그들 나름대로의 살아남는 비결을 터득한 것이다.

애굽 노예생활, 바벨론 포로생활, 로마 식민지생활, 히틀러 수용소 생활에서 유대인이 결코 포기할 수 없었던 절절한 소망은 무엇이었을까. 마음 놓고 살 수 있는 땅이었다. 바벨론 포로시절, 유대인은 바벨론 강변에서 조국의 시온을 기억하며 목 놓아 울었다(시137:1). 예루살렘 성전이 있는 유대 땅이 바로 시온이다. 그렇다면 '유대 땅으로 되돌

---

25) 고두현. "유대인의 힘, 이유가 있다" 한국경제신문(2004. 2. 14) A25면 참조.

아가야 한다'는 시오니즘의 맹아가 바벨론 포로기 부터 시작됐을지도 모른다. 주후 70년 망국의 한을 품고 떠돌며 온갖 박해를 받아야 했던 유대인이 팔레스타인 땅을 확보하고 독립 국가를 이룬 것은 1948년이었다. 거의 1,900년 동안 땅 없는 고단한 삶을 살아야 했던 것이다. 그래서 그런지 유대인만큼 땅에 집착하는 민족도 드물다. 1948년 독립 이후 땅을 지키기 위해 유대인은 아랍전체와 전쟁을 벌이는 것도 무서워하지 않았다. 죽으면 죽었지 하나님이 약속하신 땅, 조상이 물려준 땅을 빼앗길 수 없다는 것이다. 이것이 유대인의 토지정신이다. 원래 유대인의 족장들, 그러니까 아브라함과 이삭과 야곱은 떠돌이였다. 그러나 하나님이 그들에게 가나안 땅을 주겠다고 약속하셨다. 유대인의 역사는 땅의 역사라고 해도 과언이 아니다.

하나님이 아브라함에게 약속하신다. "내가 너와 네 후손에게 너의 우거하는 이 땅 곧 가나안 일경으로 주어 영원한 기업이 되게 하고 나는 그들의 하나님이 되리라(창17:8)." 또 이삭에게 약속하신다. "…내가 너와 함께 있어 네게 복을 주고 내가 이 모든 땅을 너와 네 자손에게 주리라…(창26:3)." 야곱에게도 똑같이 약속하신다. "내가 아브라함과 이삭에게 준 땅을 네게 주고 내가 네 후손에게도 그 땅을 주리라…(창35:12)." 이제는 모세에게 약속하신다. "내가 아브라함과 이삭과 야곱에게 주기로 맹세한 땅으로 너희를 인도하고 그 땅을 너희에게 주어 기업을 삼게 하리라…(출6:8)." 여호수아에게는 더 구체적으로 약속하신다. "곧 광야와 이 레바논에서부터 큰 하수, 유브라데에 이르는 헷 족속의 땅과 또 해 지는 편, 대해까지 너희 지경이 되리라(수1:4)."

이삭도 하나님의 복을 받아 창대하고 왕성하여 마침내 거부가 됐고 (창26:12~13) 그 결과, 넓은 땅도 차지할 수 있었다. "…이제는 여호와께서 우리의 장소를 넓게 하셨으니 이 땅에서 우리가 번성하리로다…(창26:22)." 하나님의 축복은 사손에게 계승된다. 이삭은 아버지 아브라함으로부터 받았던 축복을 아들 야곱에게 넘겨준다. 축복이 계승된다는 것은 성경적인 원리다(신5:10). 부모의 복이 자식의 복이다.

우리도 아브라함처럼 하나님을 바르게 잘 믿고 큰 복을 받아서 자자손손 넘겨줄 수 있어야 하겠다. 이삭이 야곱에게 넘겨준 축복은 총체적인 것이었다. 기름진 땅을 차지하는 땅 복, 하는 일마다 열매가 풍성히 맺히는 일 복, 적재적소에 필요한 사람을 많이 얻는 사람 복, 주변 사람들에게 복된 영향력을 미치는 권세 복을 야곱은 받았다(창27:26~29). 여기서 땅 복이 첫 번째로 언급됐다는 사실에 주목해야 한다. 우리는 하나님의 축복을 받아서 땅을 얻고 그것을 잘 보존하여 개발하고 물려줄 수 있어야 한다.

크림전쟁으로 많은 빚을 지게 된 제정 러시아는 얼음 땅, 알래스카를 팔아서라도 현찰을 장만하고 싶었다. 1867년 미국 국무장관, 윌리엄 H. 수어드가 알래스카 매입법안을 제출하자 미국 상원에서는 얼음덩어리가 무슨 소용이냐며 반대를 했다. 당시 매입가격은 에이커당 2센트꼴인 720만 달러에 불과했다. 공짜나 다름없었지만 미국인들은 알래스카를 '수어드의 바보짓'이라고 부르며 비웃었다.

2차 세계대전이 끝나고 미국과 소련의 냉전체제가 개막되자 알래스카는 미국의 요새가 됐다. 1968년 푸르도 만에서 대형 유전이 발견되면서 오일 러시도 터졌다. 총연장 1,300킬로미터의 송유관이 깔렸다. 알래스카에는 북극의 오로라, 거대한 빙하, 전인미답의 황야, 불타는 화산, 북미 최고의 맥킨리 봉과 같은 자연의 신비뿐만 아니라 질주하는 순록 떼, 자연 다큐멘터리에서나 볼 수 있는 이리 떼, 에스키모족, 인디언, 해마, 바다코끼리, 뇌조, 북극곰도 있다. 미국의 49번째 주 알래스카는 미국 땅덩어리의 20%에 해당하는 거대한 얼음덩어리다. 그러나 세계최대 규모의 유전, 엄청난 금광, 울창한 삼림, 풍부한 어획고를 자랑하는 미국에서 가장 부요한 주다. 알래스카의 얼음 땅도 원유를 내뿜고 중동의 모래 땅도 원유를 내뿜지 않는가. 땅만 있으면 결국에는 땅땅거리며 살 수 있다.

하나님의 축복을 받아서 땅을 얻어야 하고 한 번 얻은 땅을 결코 빼앗기지 말아야 한다. 우리는 그 광활한 만주 땅을 잃은 것만으로도 족하다. 독도를 일본한테 빼앗기지 말아야 하고 북한을 중국한테 빼앗기지 말아야 한다. 2004년 4월 23일 북한의 용천역 폭발사고가 발생했을 때, 당시 고건 대통령 권한대행은 밤잠을 설쳤다고 한다. 북한에 친중국 괴뢰정권이 들어설 것 같았기 때문이었다.[26]

설령 경제적인 어려움 때문에 땅을 팔았다고 해도 50년째에는 되돌려 받게 돼 있다. 이것이 하나님의 희년법이다(레25:10, 25~28). 왜 하나님이 유대인에게 이 희년법의 실천을 요구하셨을까. 땅이 없으면 경제적인 자유도 없기 때문이다. 인간에게 있어 가장 중요한 자유 중의 하나는 경제적인 자유다. 경제적인 자유가 없으면 정치적인 자유도 의미가 없으며 심지어 영적인 자유도 크게 타격을 입게 된다. 먹고 사는

---

[26] 신지호. "누가 반민족, 반통일 세력인가" 동아일보(2005. 4. 21) A31면 참조.

문제가 해결되지 않는데 참정권이 무슨 의미가 있겠는가. 먹고 사는 문제가 해결되지 않으면 주일을 지킨다는 것 자체가 어렵다. 경제적인 자유가 있을 때, 영적인 자유까지도 활성화된다.

구약성경에서 거듭 말하는 기업은 다름 아닌 땅이다. 땅이 얼마나 좋았으면 아브라함에게 땅을 주시겠다고 거듭 반복해서(창12:7, 13:15, 17, 15:7·18, 17:8) 약속하셨겠는가. 이삭에게도 그러셨고(창26:3~4) 야곱에게도(창28:13) 그러셨다. 경북대의 조성표 교수에 따르면 물질에 관해 언급하고 있는 성경구절은 700개가 넘는다. 사랑에 관한 성경구절 다음으로 많다. 물질의 문제가 영혼의 문제로 귀결되지 않을 수 없다. 물질이 있는 곳에 마음이 있기 때문이다. 그런데 이 물질의 어머니는 다름 아닌 땅이다.

땅에서 민족의 부, 가문의 부, 개인의 부가 나오는 것이다. 우리가 집단적으로 기도하고 탁월한 외교역량을 발휘하면 우리의 역사가 숨쉬는 만주 땅을 하나님이 주시지 않을까. 우리의 소원은 남북한 통일을 넘어서는 만주 회복이어야 하겠다. 미국 원정출산이 목표가 아니고 유대인처럼 미국의 빌딩과 은행현금을 장악하고 세계 다이아몬드 시장과 노벨상을 가져야 하겠다. 우리의 비전은 남한 땅을 넘어서는 남북한 통일, 통일한국 경영, 더 나아가 세계경영이어야 한다. 우리는 차세대를 그렇게 축복하고 키워야 하겠다.

"창조한국, 부흥한국, 통일한국, 예수한국."

"차세대를 양육하고 북한을 가슴에 품고 통일한국의 장래를 책임지고 복음을 들고 열방으로 나아가자."

"조국이여, 안심하라. 차세대가 자라고 있다."

교회로서는 김진홍 목사님의 두레교회가 많은 땅을 사용하고 있다. 정확하게 말하자면 두레공동체가 주체인데 국내의 지리산 두레마을이 13만 평, 북한의 나진~선봉 두레마을이 10만 평, 중국의 연변 두레마을이 130만 평, 러시아의 블라디보스톡 두레마을이 30만 평, 미국 서부지역의 베이커스필드 두레마을이 8만 평, 미국 동부지역의 뉴저지 두레마을이 20만 평, 캐나다의 토론토 두레마을이 4만 평이다.

두레공동체는 1990년대 초부터 야심찬 베세토바 프로젝트(BeSeToVA)를 추진해 오고 있다. 중국의 베이징(Be), 한국의 서울(Se), 일본의 도쿄(To), 러시아의 블라디보스톡(V), 미국의 로스엔젤레스(A)를 하나로 묶는 농업의 세계경영 비전이다. 중국, 러시아, 북한은 주로 농산물 원료의 생산기지가 되고 한국은 가공과 경영의 중심지가 되고 한국, 일본, 미국은 유통기지가 된다는 것이다. 이미 일본에서도 오사카와 도쿄에 두레모임이 결성돼 있다.[27] 요즘 그는 목회와 두레공동체 사역을 넘어 뉴라이트 진영의 선봉에서 가치관 국민운동을 전국적으로 전개하고 있다. 목회자이지만 민족의식, 역사의식, 미래 통찰력, 국가경영에 관한 식견이 남다르다고 하는데 그 귀추가 주목된다.

아브라함 이후 땅 복의 행진은 계속되고 있다. 우리가 주 예수님을 믿으면 아브라함의 복이 우리에게 계승되는데(갈3:14) 아브라함의 땅 복은 으뜸 복 중의 하나다. 물론 하나님은 우리가 정욕으로 쓰려고 구하는(약4:3) 것인지를 시험하실 것이다. 우리가 주님과 주님의 복음을

---

27) 김진홍, 「황무지가 장미꽃같이」(한길사, 1999) 218~221면 참조.

위해 쓰려고 구하면 구하는 대로 주신다. "내 이름으로 무엇이든지 내게 구하면 내가 시행하리라(요14:14)." 이토록 강력한 약속이 어디 있을까. 바로 우리 자신에게 직접 해당되는 약속이다.

6.25사변 직후에 울산에서 동태장사를 하던 김씨 아주머니가 있었다. 그러던 어느 날 한 할머니가 자신이 평생 모은 동전 한 보따리와 동태 한 짝을 맞바꾸자고 했다. 그렇게 바꾼 동전 보따리 속에는 골동품이 들어 있었는데 무려 600만원을 받고 팔게 되었다. 그녀는 교회 건축헌금으로 400만 원을 드리고 나머지 200만 원을 어떻게 써야 할지를 기도했다. 며칠 동안 계속 기도하는데 환상처럼 울산의 모래 자갈밭이 보이기 시작했다. 눈을 씻고 봐도 자갈밭이 반짝반짝 보였다.

하루는 이웃동네 할아버지가 찾아와 땅을 사라고 권했는데 기도할 때 보았던 그 자갈밭이었다. 그녀는 하나님의 증거다 싶어 그 땅을 사 두었다. 그러던 어느 날 두 신사가 찾아와 1천만 원에 그 땅을 팔라고 했다. 그녀는 펄쩍 뛰면서 땅 문서를 장롱에 넣어 버렸다. 며칠 후 사람들이 다시 찾아와 1억을 제시했다. 그녀는 또 거절했고 결국 29억 원에 그 땅을 팔 수 있었다. 현대 자동차의 정문 자리였기 때문이다.

그녀는 건축헌금 2억 원으로 크고 아름다운 교회당을 지어 드렸다. 나머지 27억 원으로 무엇을 할까 하고 또 기도했다. 며칠간 기도하니 땅을 사라는 성령 하나님의 감동이 왔다. 믿음의 배짱으로 27억 원을 다 투자해 땅을 샀는데 얼마 후 울산 대단위 아파트단지가 들어섰다. 졸지에 그녀는 수천억 원대의 거부가 됐다. 죽기 전에 반듯한 교회를 하나 짓게 해 주시라고 10년간 기도했더니 그렇게 엄청난 땅 복을 받은 것이다. 하나님은 우리가 기도하는 대로 주시고 기도한 것에 넘치도록 주신다. "우리 가운데서 역사하시는 능력대로 우리의 온갖 구하는 것이나 생각하는 것에 더 넘치도록 능히 하실 이에게(엡3:20)."

모든 국민이 다 땅을 가지는 축복을 받았으면 좋겠다. 1%의 땅 부자가 45%의 전국 땅을, 10%의 땅 부자가 72%의 전국 땅을 차지하고 있다는 통계가 있다.[28] 이래서는 안 된다. 지나치게 많이 가진 자는 내놓아야 한다. "가옥에 가옥을 연하며 전토에 전토를 더하여 빈 틈이 없도록 하고 이 땅 가운데서 홀로 거하려 하는 그들은 화 있을진저(사5:8)." 유대민족이 처절하게 멸망한 원인 중의 하나가 바로 그런 토지의 독점 현상 때문이다. 없는 자는 작은 땅이라도 소유해야 한다.

땅을 가지고자 하는 소원은 성경적으로 볼 때 정당하다. 우리도 야베스처럼 땅을 주시라고, 더 넓은 땅을 주시라고 기도할 수 있어야 한다. 예수님이 머리를 둘 곳도 없이 가난하게 사신(마8:20) 것은 우리도 그렇게 가난하게 살아야 하기 때문이라기 보다는 우리로 하여금 그런 가난에서 벗어나게 하시기 위함이었다(고후8:9).

세계인구 60억 명 가운데 고등교육을 받고 배고프지 않게 사는 사람은 1%밖에 안 된다. 30억 명은 하루 2달러로 살고, 10억 명은 1달러 미만으로 산다. 우리나라의 경우 최하위 빈곤층으로 치는 가정의 월수입이 1,100달러. 우리나라는 대단히 성공한 셈이다.[29] 우리와 가장 가까이 있는 북한만 하더라도 1990년대 중반 같은 최악의 기근을 거치면서 수백만 명이 굶어 죽었다.

---

28) 정규재. "헨리 조지, 웃고 가다" 한국경제신문(2005. 5. 11) A11면 참조.
29) 이성원. "30대 후의 인생설계." 미래한국(2005. 6. 4) 10면 참조.

2004년 초부터 북한에서 활동한, 세계식량계획(WFP)의 리처드 레이건 북한담당관에 따르면 2005년 말까지 국제사회는 매월 최소한 4만 톤의 식량을 북한에 지원해야 한다. 그렇지 않으면 2005년 8월 현재 650만 명의 북한 구호대상자 중 360만 명이 기아상태에 빠진단다. 북한의 1인당 하루 곡물배급량은 에너지 필요량의 50%에도 못 미치는 250그램에 불과하다.30) 탈북민 출신으로서 조선일보의 통한문제연구소 기자로 활동하고 있는 '북한민주화운동본부'의 강철환 공동대표가 쓴 저서가 있다. 부시 미국대통령이 탐독했다고 하는 북한수용소 인권실태 고발서「평양의 수족관」이 그것이다. 이 책에 따르면 1990년대 이후 식량사정이 악화되면서 북한 전역에 게걸병이라고 불리는 펠라그라가 만연하고 있다. 게걸병에 걸리면 손에서 얼굴까지 마른버짐이 피고 껍질이 벗겨진다. 못 먹어서 생기는 병인만큼 뱀이나 쥐도 가리지 않고 뭐든지 닥치는 대로 집어 삼키려고 한다.31) 수백만 명이 굶어 죽었고 또 수백만 명이 굶주림에 허덕이고 있는 터에 김일성 묘지조성에 퍼부어진 돈이 9천억 원이라고 한다. 어찌 이런 나라가 하나님의 복을 받겠는가.

　우리나라는 하나님을 바르게 잘 믿으면서 성장이 따라주는 분배로 가야 하겠다. 그렇지 않으면 북한처럼 굶는 평등밖에 없다. 굶는 평등은 결코 경제적인 자유가 아니다. 분배하되 성장하는 성장형 분배여야 하고, 성장하되 두루 잘 사는 동반형 성장이면 금상첨화다. 하나님을 바르게 잘 믿어서 국민전체가 물질축복을 받고 그래서 국민경제의 수준이 자꾸 올라가야 한다. 평균치가 아니라 밑바닥 수준의 1인당 GNP가 1만 달러에 도달해야 한다.

---
30) 강찬호, "북에 식량지원 안 하면 8월엔 360만 명 굶는다" 중앙일보(2005. 6. 4) 1면 참조.
31) 김정은, "북한수용소의 참상" 미래한국(2005. 6. 4) 10면 참조.

우리도 이삭이 야곱에게 축복해 준 것처럼 땅 복, 일 복, 사람 복, 권세 복을 다 받아야 하겠다. 특히 첫 번째의 땅 복을 받으면 좋겠다. 땅에서 물질이 나오고 그 물질이 영적인 자유에 날개를 달아주기 때문이다. 우리는 땅 복, 건물 복을 받아서 그것을 주님을 위해 사용할 수 있어야 한다. 바나바는 자기 땅을 팔아서 주님의 몸 된 교회를 위해 사용했다. "구브로에서 난 레위족인이 있으니 이름은 요셉이라. 사도들이 일컬어 바나바(권위자)라 하니 그가 밭이 있으매 팔아 값을 가지고 사도들의 발 앞에 두니라(행4:36~37)."

땅 복, 건물 복을 받아서 이 세상에서 땅땅거리고 사는 것으로 만족하지 말고 주님과 주님의 복음을 위해 투자함으로써 저 세상에서도 땅땅거리고 살 수 있어야 하겠다. 누구나 다 행복하고 즐겁고 부요하고 성공하는 인생을 살고 싶어 한다. 그러나 우리 신앙인들이 거기에 머물면 세상 사람들과 다를 것이 없다. 우리는 가치 있는 삶, 그것도 영원히 가치 있는 삶을 살아야 한다. 무엇이 영원한 가치인가. 주님과 주님의 복음이다. 우리는 땅 복, 건물 복을 받아서 영원한 가치를 위해 투자할 수 있어야 한다. 아마 바나바의 누나요, 마가의 어머니였던 마리아도 120문도를 수용할 수 있는 예루살렘 저택을 개방해 초대공동체를 부양했다(행1:13~15, 12:12).

석유 왕 록펠러는 50대 초반까지 물질 긁어모으기에 혈안이 됐고 그 후에는 리버사이드교회, 시카고대학교, 록펠러의학연구소를 세우는 등 자선사업에 몰두했다. 그 결과 록펠러 2세 등 후대가 각계각층에서 두각을 나타내는 축복을 받았다. 우리도 당대, 후대, 내세가 다 잘 되는 완전한 축복을 받는다면 얼마나 좋겠는가.

우리가 땅 복을 받고 그것으로 주님을 섬긴다면 우리는 당대, 후대, 내세가 다 잘 되는 완전한 축복의 주인공이 될 것이다. 어떤 남자 집사님은 빌딩 3채를 갖는 것이 평생소원이었다. 그렇게 기도하고 노력해서 변두리에 자그마한 빌딩 3채를 갖긴 했지만 옹색해 보였다. 더 크게 구하고 더 크게 응답받아서 주님과 주님의 복음을 위해 크게 쓰임받아야 하는데 그냥 움켜쥐고 있어서 못내 아쉬웠다.

언젠가 우리가 하나님의 보좌 앞에 설 때, 질문하실 것이다.

"너는 내 아들을 위하여, 내 아들과 함께 무엇을 했느냐."

우리의 대답과 우리의 마지막이 이래야 하겠다.

"땅 복, 건물 복을 받고 땅땅거리고 살다가 주님과 주님의 복음을 위해 다 썼습니다."

하나님이 이러실 것 같다.

"그러면 여기 천국에서도 땅땅거리고 살아라."

생명의 하나님, 경제의 하나님

한 살을 먹었다고 말할 때, '살'은 생명의 시간적인 개념이다. 생명은 시간 속에서 '살'로 표현된다. '살이'도 마찬가지다. 시집살이, 처가살이, 타향살이, 겨우살이가 그렇다. 살, 살이가 쌓이면 삶, 인생이 된다. 살, 살이는 생명을 구체화하는 말이다. 그렇다면 살림살이는 무슨 뜻인가. '살이'를 살리는 '살림', 그러니까 생명을 살리는 경제를 뜻하지 않겠는가.

가정을 살리는 경제는 가정경제, 교회를 살리는 경제는 교회경제, 지역을 살리는 경제면 지역경제, 국가를 살리는 경제면 국가경제라고 말할 수 있을 것이다. 하나님은 우리에게 생명을 주셨을 뿐만 아니라 우리로 하여금 살아가게 하신다. 하나님은 살이의 하나님, 생명의 하나님이시요, 또한 살림의 하나님, 경제의 하나님이시다. 하나님은 살림살이의 하나님이신 것이다. 그래서 생명의 하나님은 경제의 하나님이실 수밖에 없다.

하나님은 옛 중근동 일대의 만민의 생명을 살게 하시려고 만민의 경제인 요셉을 세우셨고, 12지파 씨족의 생명을 번성하게 하시려고 씨족의 경제인 야곱을 세우셨고, 연약한 집안의 생명을 풍성하게 하시려고 집안의 경제인 야베스를 세우셨고(대상4:9~10), 고린도교회의 생명을 살게 하시려고 교회의 경제인 가이오를 세우셨다(롬16:23). 하나님의 구원사와 경제사는 이렇게 맞물려 돌아간다. 생명의 하나님은 아브라함에게 하늘의 별과 같이 많은 자손을 주시겠다고 약속하셨다. 또한 경제의 하나님은 그에게 눈에 보이는 대로 넓은 땅을 주시겠다고 약속하셨다. 여기서 자손은 생명의 연속이요, 땅은 경제의 근간이다.

미국의 건국자들은 영국과의 독립전쟁에서 승리한 후 독립화폐를 제조했다. 그들은 하나님께서 도와주셨다는 신앙고백으로 달러 뒷면에 'in God we trust'(우리는 하나님을 신뢰한다)를 새겨 넣었다. 지금 그 달러가 세계경제를 좌우하고 있다. 신앙과 경제와 돈은 따로 돌지 않고 함께 돈다. 그래서 경제주체 중에서 사업가의 역할이 중요하다.

사업가는 국가에 세금을 내고 종업원의 가정경제를 책임진다. 좋은 사업장을 만들고 경영수익을 통해 선교, 복지, 병원, 육영, 문화 사업을 함으로써 이 땅에 주님의 뜻을 심고 그만큼 주님께 영광을 돌리게 된다. 그렇다면 사업가가 키워야 하는 자질이 무엇인가.

첫째로 분명한 사명감이다. 주님의 영광을 위해서라든지, 경영수익으로 선교와 육영을 감당하겠다든지 하는 사명이 있어야 한다. 사업 그 자체를 위해서라든지 가난을 없애겠다든지 확실한 사명감이 필요하다. 세계인구 60억 명 가운데 절반이 하루 2달러로 산다. 가난을 없애겠다는 사명감만으로도 사업하는 훌륭한 이유가 될 것이다.

둘째로 강한 소원이다. 사업해서 돈을 많이 벌고 싶은 마음이 간절해야 한다. 요샛말로 치자면 야베스는 연약한 집안을 일으켜 세우기 위해 돈을 많이 벌고 싶은 마음이 간절했을 것이다. 말이 물가를 찾는 것은 갈증 때문이다. 돈벌이에 대한 목마름을 강하게 유지해야 한다.

셋째로 좋은 재능이다. 록펠러가 사업가로서 대성한 이유 중의 하나는 그에게 돈을 잘 버는 재능이 있었기 때문이다. 돈을 버는 재능이 없는데 사업하는 것은, 음감이 없는데 가수가 되겠다는 것과 마찬가지다. 돈을 버는 재능을 타고나든지, 그게 아니면 부지런히 길러야 한다. 이런 3가지 자질을 함양하고 기도로 얻어나가는 것과 아울러 크리스천 사업가가 항상 점검해야 하는 기준이 있다. 사람을 의지하면 메마른 광야인생이요, 하나님을 의지하면 풍성한 물가인생이라는 것이다(렘17:5~8).

소기업은 혼자 힘으로 절대로 대기업을 이길 수 없다. 대기업과 소기업 사이에 도와주실 분은 하나님뿐이다. 하나님을 의지하면 대기업과의 경쟁에서 손해 보는 것 없이 승리할 것이다. "…여호와의 눈은 온 땅을 두루 감찰하사 전심으로 자기에게 향하는 자를 위하여 능력을 베푸시나니…(대하16:9)." 그러나 그토록 하나님만 의지하던 아사가 아람 왕, 벤하닷에게 은금을 보내어 동맹조약을 체결했다(대하16:2~3). 그렇게 사람을 하나님보다 앞장세운 결과는 비참했다. "…왕이 아람 왕을 의지하고 왕의 하나님 여호와를 의지하지 아니한 고로 아람 왕의 군대가 왕의 손에서 벗어났나이다(대하16:7).” “…이 일은 왕이 망령되이 행히였은즉 이후부터는 왕에게 전쟁이 있으리이다…(대하16:9).” 하나님의 원칙에는 여지가 없다. 사람을 의지하면 열매가 없고 하나님을 의지하면 열매가 풍성하다. 요셉은 샘 곁의 나무였기에 그 잎이 무성했고 그 가지가 담을 넘었다(창49:22). 그래서 노예에서 출발했지만 결국에는 만민의 생명을 구하는 초특급 CEO가 될 수 있었던 것이다.

하나님을 어떻게 구체적으로 의지할 수 있는가. 첫째, 믿음으로 생각하면 된다. '하나님이 함께 하시고 도와주시고 축복하신다. 나는 잘 된다. 잘 될 수밖에 없다. 하나님이 무제한으로 공급하신다.' 어려운 처지에 있더라도 이렇게 생각하면 마음이 웃고 얼굴이 웃게 된다.

둘째, 믿음으로 기도하면 된다. 하나님을 앞장세우고 크고 작은 일을 놓고 기도한다. 하나님이 내 사업의 상관이 되시게 해 드린다. 미국인 사업가 스탠리 탬은 고등학교 졸업 직후 사업에 나섰지만 능력부족으로 실패했다. 크게 낙심해서 기도하던 중 성령 하나님의 음성을 느꼈다. "실망할 필요가 없다. 네 사업을 나에게 넘겨주면 내가 성공시켜 주겠다." 그는 용기를 얻어 재기했다. 그는 자기 사업의 51%를 하나님께 드리겠다고 약속했다. 어느 날 성령 하나님이 그의 마음을 또 감동시키셨다. "내게 구하라. 내가 열방을 유업으로 주리니 네 소유가 땅 끝까지 이르리로다(시2:8)." 그는 망설이다가 그렇게 간구했다. 그의 사업은 나날이 번창했다. 이번에는 성령 하나님이 그에게 도전하셨다. "네 사업을 100% 나에게 넘겨라." 그는 갈등하다가 순종했다. 곧 공장을 4배로 확장해야 했고 다른 회사들도 창업할 수 있었다. 그는 많은 선교사들을 후원했고 많은 교회도 세웠다.

셋째, 믿음으로 모험하면 된다. 하나님이 함께 하시고 도우시고 축복하신다. 믿음은 모험하는 것, 실험하는 것, 도전하는 것, 시도하는 것이다. 아브라함은 갈 바를 몰랐지만 하나님의 동행하심을 믿고 떠났기에 믿음의 조상이 될 수 있었다.

백영중은 50여 년 전, 27세의 나이에 50달러를 손에 쥐고 미국으로 건너갔다. 돈도 없고 영어도 못했지만 하나님께서 함께 하심만 믿고 부딪혔다. 그렇게 20여 년이 지나 패코엔지니어링이라는 철강회사를 세울 수 있었다. 그는 하나님이 주신 지혜에 힘입어 당시로서는 새로운 주름잡이 빔을 개발했고, 미국 경량철골시장의 60%를 장악하게 됐다. 믿음으로 모험하라. 그래야 스토리가 있는 인생을 살게 될 것이다.

스토리텔러(Story-Teller)가 리더십을 발휘하는 시대라면 스토리메이커(Story-Maker)는 오죽하겠는가. 남들의 승리를 이야기하는 스토리텔러에 머물지 말고 자신의 승리를 이야기할 수 있는 스토리메이커가 돼야 한다. 믿음으로 모험하는 사람만이 골짜기와 산봉우리가 마주치는 스토리 인생을 살게 될 것이다.

넷째, 믿음으로 드리면 된다. 물질의 청지기가 되겠다면서 물질을 심는 데 인색하면 안 된다. 적은 돈을 드릴 때는 줄곧 잘 드리다가 정작 사업이 잘 돼서 큰돈을 드려야 할 때, 꽁무니를 내리는 사람이 있다. 여지없는 탈락이다. 대충 계산해서 드려서도 안 된다. 정직하게 계산해서 드려야 한다. 십일조는 안 드리고 다른 헌금명목으로 드려서도 안 된다. 미리 드릴 수도 있어야 한다.

이영수는 1977년 25세의 나이에 이란으로 갔으나 이란혁명을 만나 한 차례 죽을 고비를 넘겨야 했다. 그는 이란주재 호주대사관의 문고리를 붙들고 장기간 기도씨름을 벌인 끝에 호주행 비행기를 탈 수 있었다. 호주 땅에 첫 발을 디디면서 그는 간절하게 기도했다. "주님, 실업자가 되지 않게 하시고 호주에서 십일조를 제일 많이 내는 사업가가 되게 하시고 교회건축을 제일 많이 하는 장로가 되게 하옵소서."

그는 13년간의 직장생활을 끝내고 1991년 대학입시학원을 열었다. 첫 달에 28명이 등록했다. 그는 다음 달에 300명이 등록할 줄로 믿고 300명에 해당하는 믿음의 선불십일조를 드렸다. 놀랍게도 다음 달에 300명이 등록했다. 그는 계속 선불십일조를 드렸고 그의 학원은 성장가도를 달렸다. 지금 그는 호주 전역에 걸쳐 20여 개의 체인학원을 거느린 학원부자가 됐다.

사람을 의지하면 불통이요, 하나님을 의지하면 형통이다. 하나님을 의지한다는 것은 믿음으로 생각하고 기도하고 모험하고 드리는 것이다. 크리스천 사업가라면 이렇게 하나님을 의지하면서 평생에 하나를 더 유념해야 한다. 사업에서 남다른 차이를 내야 하는 것이다.

지금은 차별화시대다. 작은 차이를 내면 크게 번성할 것이나 그러지 못하면 퇴출될 수밖에 없다. 우리가 믿는 하나님은 광야에 길을 내시는 창조주 하나님이시다. 우리도 이 하나님의 형상을 닮았기에 얼마든지 이전과 다른 차이를 낼 수 있다. 차이는 시대정신이다. 0.1%의 차이를 내는 사업가가 99.9%의 사업가들을 불안에 떨게 할 것이다.

경제는 생명을 살리는 살림살이다. 하나님의 생명과 경제는 뗄 수 없는 불가분의 관계다. 예수님께서 하늘의 부요를 버리시고 이 낮고 가난한 땅에 오신 것은 우리로 하여금 부요하게(고후8:9) 하시고 더 풍성한 생명을 얻게(요10:10) 하시기 위함이다. 예수님께서 십자가의 저주를 받으신 것은 우리로 하여금 아브라함의 복을 받게(갈3:13~14) 하시기 위함이다. 아브라함의 복이 무엇인가. 넓은 땅을 받는 복, 많은 자손을 얻는 복(창13:14~17), 그리고 만민을 복되게 하는 복이다(창12:1~3). 예수님과 예수님의 십자가 사건을 믿는 크리스천이라면 이 세가지 복을 받을 권리가 있다. 특히 크리스천 사업가는 이 권리를 잘 알아 자신의 것으로 활용함으로써 가정경제, 교회경제, 국가경제를 살려야 하겠다.

하나님의 생명과 경제는 톱니바퀴처럼 돌아간다. 하나님의 생명사업에 있어 사업가는 필수요원이다. 크리스천 사업가인가? 그렇다면 주님을 의지하자. 믿음으로 생각하고 기도하고 모험하고 드리자. 사명감과 소원과 재능을 키우자. 차이를 내자. 그래서 하나님의 생명사업을 잘 감당하는 완전한 경영자가 되자.

2

실패가 두려워 행동하지 못하면
그 무엇도 얻을 수 없다

피땀으로 적시는 인생과 믿음

눈물은 귀하다. 회개의 눈물은 마음을 정갈하게 하고 고난의 눈물은 새 힘을 주며, 애통의 눈물은 주님께서 좋아하신다. 그러나 자기연민이나 피해의식의 눈물로 지새우는 인생보다야 노동의 땀으로 적시는 인생이 훨씬 더 아름답겠다. 이뤄놓은 게 없어 마음이 허전하고 미래의 희망이 암담할수록 당장 해야 할 일, 지금 할 수 있는 일을 챙기고 그것에 집중하며 땀을 흘려야 한다. 땀은 성취하는 인생의 필수요소다. 미래에 대한 걱정을 버리고 주님을 붙잡고 핵심을 찾아 그것에 집중하며 현재를 땀으로 적시자.

그렇지만 미련한 땀이어서는 안 된다. 비용은 줄이고 이익은 높이는, 슬기로운 땀이어야 한다. 땀나게 살되 슬기롭게 사는 '땀슬' 인생이어야 하는 것이다. 하지만 고단한 땀만 흘리는 인생이 아니라 즐거움이 함께 흐르는 '땀즐' 인생이어야 하겠다.

주님은 고단한 십자가의 길을 가시면서도 하나님 아버지와의 신비로운 관계에서 흘러나오는 즐거움, 따르는 사람들과의 친밀한 관계에서 흘러나오는 즐거움, 먹고 마시는 즐거움을 외면하지 않으셨다. 일을 끝마무리하고 열매를 따는 성취도 중요하지만 땀과 즐거움이 함께 흐르는 일의 과정도 중요하다. 성취를 바라보며 땀을 흘리되 즐겁게 흘리자. 그러나 땀나게, 슬기롭게, 즐겁게 사는 것만으로는 부족하다. 은총이 부어져야 한다.

은총은 폭발적인 번식을 초래한다. 땀나게, 슬기롭게, 즐겁게 일해도 두배 인생에 불과하다. 2달란트를 받은 종은 2달란트를, 5달란트를 받은 종은 5달란트를 각각 남겼을 뿐이다. 그러나 주인이 은총을 베풀자 많은 것이 더 맡겨졌다(마25:20~23). 땀나게 살되 은총이 부어지는 '땀총' 인생이어야 하겠다. 주님이 주신 인생을 땀나게, 슬기롭게, 즐겁게 살면 성취하는 인생이 되고, 주님의 은총이 부어지면 폭발적으로 번식하는 인생이 된다. 우리는 풍성하게 나누기 위해서 풍성하게 성취하는 인생을 살아야 하겠다. 아직 그렇지 않다면 다음의 세가지를 자문하면서 더욱 분발하자.

첫째로 "남들보다 더 일찍 시작했는가?" 하는 것이다. 팝페라 테너, 임형주(1986년 출생)는 2003년 2월 25일 16대 노무현 대통령 취임식 때 수많은 사람들 앞에서 애국가를 부르는 특권을 누렸다. 그는 유치원생 때부터 예수님을 믿기 시작하여 9세 때에는 외조부모를 교회로 인도하며, 작은 다락방에서 간절히 기도하곤 했다. "예수님, 대통령 앞에서 노래하게 해 주세요." 예원학교에 들어가서는 온갖 상을 휩쓸었는데 그 상금을 모두 헌금했다. 작은 개척교회도 하나 헌납했단다. 20대 초반이지만 지금 그는 세계적인 성악가의 길을 걷고 있다. 늦게 시작해도 끝까지 집중하면 앞설 수 있다는 믿음으로 촌음을 아껴야 하겠다. "그러나 먼저 된 자로서 나중 되고 나중 된 자로서 먼저 될 자가 많으니라"(마19:30).

둘째로 "남들보다 더 대가를 치렀는가?"라는 것이다. 메가스터디의 손주은 대표는 학원사업의 대부다. 40대 중반의 나이에 1,000억 원대의 자산가가 됐다. 그는 서울대학교 서양사학과를 졸업한 후 2~3년간 열심히 뛰다가 외국에 유학할 계획이었다. 그러나 두 자녀를 교통사고로 잃고는 아무 것도 할 수 없었다. 고통을 잊으려고 매주 60시간 이상 강의에 매달렸다. 목소리가 갈라지고 기진맥진했지만 쉬지 않았다. 국어, 영어, 수학은 물론 10개의 과목을 혼자서 소화해냈다. 목숨을 걸고 강의에 매진하자 한 시즌에 1만 명의 학생들이 강의를 들으려고 구름처럼 몰렸다.

현재 그의 메가스터디는 온,오프라인에서 대입학원의 최강자가 됐다. 이제 중등과정은 물론 고시영역에까지 그의 학원사업이 확대되고 있다.[32] 화려한 성취 뒤에는 이런 땀과 눈물이 어린 피의 대가가 있기 마련이다.

셋째로 "남들보다 더 집중했는가?" 하는 것이다. 승패를 좌우하는 것은 최후의 순간까지 몰아치는 집중력이다. 1%의 유전자 차이가 사람과 침팬지를 결정하듯이 1%의 집중력 차이가 승패를 가른다. 성취하기 직전에 그만 두는 사람과 성취할때까지 계속하는 사람의 집중력 차이는 1%에 지나지 않는다. 집중 없이는 성취할 수 없다.

---

32) 대한민국 Only 1, 신시장의 개척자들(2006. 무한) 165~187면 참조.

내가 대학교를 다니던 신군부 시절에는 데모로 시작해서 최루탄으로 하루가 끝났다. 1981년 5월 27일 광주일고 출신의 김태훈(1959년 출생, 경제학과 4년)은 서울대학교 중앙도서관 난간에서 신군부 퇴진을 외치며 투신자살했다. 직접 목격했지만 슬퍼할 겨를도 없는 폭풍같은 나날들이었다. 3년 가까이 군대에 갔다가 제대 후 복학생활에 좀 익숙해지는가 싶었더니 1986년 4월 28일 김세진(1965년 출생, 미생물학과 4년)과 이재호(1965년 출생, 정치학과 4년)가 신림4거리의 가야쇼핑 쪽에서 반전반핵을 외치며 분신자살하는 것을 또 경험해야 했다. 20년을 넘게 꾸역꾸역 더 산 지금이 수치스러워 눈물이 솟구친다. 그 해 11월에는 도시공학과 4학년이던 황정하가 서울대학교 중앙도서관 6층 창문에서 밧줄을 타고 5층 난간으로 내려가 시위하려던 중, 기관원들의 과잉제지로 추락사했다. 저들은 민주화를 위해 투신하고 분신하고 추락했는데 나는 하나님 나라를 위한다면서 여전히 달콤한 욕심에 안주하고 있는 것은 아닌가…. 나를 쏟는 집중이 있어야 하겠다.

바울은 마지막 순간까지 자신을 집중했다. "관제와 같이 벌써 내가 부음이 되고 나의 떠날 기약이 가까웠도다. 내가 선한 싸움을 싸우고 나의 달려갈 길을 마치고 믿음을 지켰으니(딤후4:6~7)." 그는 제물 위에 부어지는 술처럼 순교의 피를 쏟기까지 집중했던 것이다. 사명성취를 위해 땀과 눈물과 피를 집중할 수 있는 사람은 행복하다.

땀을 흘리되 슬기로운 땀을 흘리는 '땀슬' 인생, 즐거운 땀을 흘리는 '땀즐' 인생, 은총의 땀을 흘리는 '땀총' 인생을 살자. 일찍감치 시작하지 못했더라도 마땅한 대가를 치르며 무섭게 집중하는 여생을 살자. 그래서 많이 성취하고 많이 베푸는 인생을 살자.

믿음은 반드시 기적체험으로 이어진다. 믿음은 참으로 중요하다. 눈에 안 보이시는 하나님과 눈으로 보고 사는 우리를 이어주는, 유일한 끈이 믿음이다. 그렇다면 무엇이 믿음인가.

첫째로 받아들이는 것이다. 하나님을 받아들이고 성경말씀을 받아들이고 설교말씀을 받아들이는 것, 이것이 믿음이다. 받아들일 때 하나님은 나의 아버지가 되시고 약속의 말씀은 응답이 된다. 똑같은 햇빛 아래서 얼음은 물로 녹고 진흙은 돌처럼 굳어진다. 주님의 은혜, 주님의 복음을 순전한 마음으로 받아들이면 얼음덩이라도 물로 변한다. 받아들이는 믿음이 내면의 기적, 환경의 기적을 일으킨다.

둘째로 생각을 바꾸는 것이다. 막다른 골목일지라도 생각을 바꾸면 돌파구가 열린다. 삭개오는 주님께 나아갔지만 키가 작고 사람들이 너무 많아 주님을 볼 수 없었다. 그러나 그는 생각을 바꾸고 뽕나무 위로 올라갔다(눅19:1~4). 그러자 주님이 그를 부르시는 기적이 일어났다. 바디매오는 시각장애인이어서 주님을 볼 수 없었다. 그러나 그는 생각을 바꾸고 고함을 질렀다(막10:47). 그러자 주님이 그에게 집중하시는 기적이 일어났다. 하늘이 무너져도 솟아날 구멍이 있다. 궁지에 몰려도 생각을 바꾸면 길이 있다. 생각을 바꾸려는 자세가 곧 믿음이다.

셋째로 시도하는 것이다. 천리 길도 한 걸음부터요, 만리장성도 벽돌 한 장부터다. 물 위를 걷고자 시도했을 때, 베드로는 유일무이하게 물 위를 걸은 사람이 될 수 있었다(마14:28~29). 씨를 심어야 꽃이 피고 땅을 파야 물이 나온다. 아무 것도 시도하지 않으면 아무 것도 이룰 수 없다.

넷째로 공격하는 것이다. "세례 요한의 때부터 지금까지 천국은 침노를 당하나니 침노하는 자는 빼앗느니라(마12:11)." 12년 동안 혈루증을 앓던 여인이 뒤에서 새치기해서 야이로의 딸을 고치러 가시던 주님의 옷을 만진 것도 믿음의 공격이다(막5:25~27). 때로는 눈총을 받고 욕을 먹어도 믿음으로 공격해야 한다.

다섯째로 나서는 것이다. 며느리이자 과부였던 다말은 시아버지의 씨를 얻으려고 길가의 여인처럼 위장하는 모험을 감행했다(창38:14~16). 청상과부 룻은 밤중에 타작마당의 보아스를 찾아나서는 용기가 있었다(룻3:7). 믿음은 주저 없이 나서는 용기다. 수로보니게 여인은 이방인을 짐승처럼 취급하는 이스라엘 사람들 앞에 기꺼이 나섰다. 예수님은 그녀를 개처럼 대우했다. "…주여, 옳소이다마는 상 아래 개들도 아이들의 먹던 부스러기를 먹나이다(막7:28)." 마침내 그녀는 예수님의 테스트를 통과하고 귀신에 사로잡혔던 딸을 구할 수 있었다.

여섯째로 반복하는 것이다. 이스라엘 백성이 제 칠일에 여리고 성을 일곱 번 돌자 여리고 성이 무너졌다(수6:15~20). 엘리야가 단장의 기도를 일곱 번 했을 때, 손바닥만한 작은 구름이 큰 비를 몰고 왔다(왕상18:42~45). 지속적인 반복 속에 믿음이 있다.

나아만 때에 이스라엘에 많은 문둥이가 있었지만 오직 시리아 사람, 나아만만이 문둥병이 낫는 기적을 체험했다(눅4:27). 왜 그런가. 그는 이스라엘의 선지자 엘리사한테 가면 낫는다는 어린 하녀의 말을 받아들였다. 또 요단 강에 몸을 일곱 번 씻으라는 엘리사의 말에 분노해 되돌아갈 때, 그러지 말고 일단 순종해 보시라는 종들의 말에 생각을 바꾸었기 때문이다. 그리고 이스라엘로의 긴 여행을 시도했다. 마지막으로 그는 일곱 번 반복해서 요단강에 몸을 씻었다(왕하5:1~14). 그는 받아들이고 생각을 바꾸고 시도하고 반복함으로써 기적을 체험할 수 있었다. 이것이 믿음의 단계다.

일곱째로 복종하는 것이다. "여호수아가 또 제사장들에게 일러 가로되 언약궤를 메고 백성 앞서 건너라 하매 곧 언약궤를 메고 백성 앞서 나아가니라(수3:6)." 하라면 즉각적으로 실행하는 것, 그것이 믿음이다. 진정한 믿음에는 토씨가 없다. 예수님의 명령을 좇는 데 있어 부친의 장례식이 토씨가 될 수 없다. 가족과 작별인사를 나누는 것도 토씨가 되면 안 된다. 믿음은 쟁기를 잡고 뒤를 돌아보지 않는 직진이다(눅9:59~62).

레위 마태가 그랬다. "그 후에 나가사 레위라 하는 세리가 세관에 앉은 것을 보시고 나를 좇으라 하시니 저가 모든 것을 버리고 일어나 좇으니라(눅5:27~28)." 레위 마태는 처음부터 쭉 직선이다. 그에 반해 시몬 베드로의 고집은 늦게까지 계속된다. 성령강림 사건을 경험했음에도 불구하고 그는 여전히 뻣뻣하다. 비몽사몽간에 주님께서 베드로더러 그릇에 든 동물들을 잡아먹으라고 하셨지만 그는 거절한다. "주여, 그럴 수 없나이다. 속되고 깨끗지 아니한 물건을 내가 언제든지 먹지 아니하였삽나이다." 3번이나 반복됐지만 그의 의심은 계속된다(행10:9~20). 그는 즉시 순종하는 듯 하면서도 토씨를 단다. "…시몬에게 이르시되 깊은 데로 가서 그물을 내려 고기를 잡으라. 시몬이 대답하여 가로되 선생이여, 우리들이 밤이 맞도록 수고를 하였으되 얻은 것이 없지마는 말씀에 의지하여 내가 그물을 내리리이다…(눅5:4~5)." 믿음은 아무 토씨도 달지 않는 복종이다.

믿음은 즉각적이고 온전한 복종이다. 모세나 엘리야의 복종도 대단했다. 하늘의 절대 권력자이신 하나님이 모세더러 세상의 절대 권력자인 바로에게 맨몸으로 가라 하시면 그는 10번이나 직행했다. 엘리야도 당대의 최고 권력자인 아합 왕 앞에 맨몸으로 서라 하시면 그대로 했다. 그러나 그 두 사람의 복종이 온전하지만은 않았다.

하나님이 모세더러 반석에게 명하여 물을 내라고 하셨는데 그는 백성들의 원망과 반항에 격노한 나머지 지팡이로 반석을 두 번이나 내리쳤다. 하나님의 거룩하심을 면전에서 깨뜨리는 잘못을 저지른 것이었다. 그 대가는 컸다. 그는 약속의 가나안 땅에 들어갈 수 없었고(민20:8~12) 머잖아 여호수아를 후계자로 세우고 하늘의 부르심을 받아야 했다(신3:26~28). 엘리야는 하늘에서 불을 내리고 바알의 선지자들을 다 처단한 후 하늘에서 비를 내려 가뭄을 끝내는, 위대한 승리를 거뒀다. 그러나 이세벨의 살해위협 앞에 무너졌다. 그는 광야로 도망가 로뎀나무 아래서 죽여주시라며 하나님께 악다구니를 퍼부었다. 마치 고난 중의 욥처럼(욥9:22~24) 하나님께 마구 대든 것이다. 그 대가도 컸다. 머잖아 그도 엘리사를 후계자로 세우고(왕상19:16) 하늘로 불려가야 했다(왕하2:11).

영원하신 절대군주이신 하나님에게 오직 예수님만이 온전한 복종의 모범을 보이셨다. 예수님은 하나님과 동등하심을 거절하시고 사람으로 낮아지시고 죽으시기까지 복종하셨다(빌2:6~8). 십자가 형벌 앞에서도 자신의 소원이 아니라 하나님 아버지의 소원을 추구하셨다(마26:39). 믿음은 즉각적이고 온전한 복종이다. 우리의 복종이 온전할 때, 하나님은 우리의 복종을 통해 믿지 않는 사람을 믿는 사람으로, 하나님의 원수를 하나님의 친구로 심판하신다.

여덟째로 희생하는 것이다. 이스라엘의 선지자, 엘리야 시대에는 큰 흉년 때문에 많은 과부가 있었지만 엘리야는 오직 시돈 땅의 사렙다에 있는 한 과부한테 간다(눅4:25~26). 타국인 엘리야는 물과 떡을 요구한다. 하지만 그녀에게 남은 것이라고는 떡가루 한 움큼, 기름 조금뿐이었다. 마침 아들과 함께 마지막으로 구워먹고 죽으려던 참이다. 그래도 엘리야는 자기부터 대접하면 비가 내릴 때까지 통의 가루와 병의 기름이 없어지지 않을 것이라며 그녀에게 믿음의 희생을 강요한다. 그녀가 받아들이고 희생하자 떡가루와 기름이 끊어지지 않는 기적이 발생한다(왕상17:10~16).

가난한 과부는 한 고드란트를 헌금했지만 생활비 전부를 드렸기 때문에 누구보다 더 많이 헌금했다고 주님한테 칭찬을 받았다(마12:41~44). 믿음은 가장 귀한 것을 드리는 희생이다. 아브라함이 독자 이삭을 드림으로써 천하 만민이 복을 받게 됐다(창22:16~18). 무엇이 믿음인가. 받아들이는 것이요, 생각을 바꾸는 것이요, 시도하는 것이요, 공격하는 것이요, 반복하는 것이요, 복종하는 것이요, 희생하는 것이다. 믿음으로 성경말씀을 읽고 설교말씀을 듣자. 믿음으로 고정관념을 깨뜨리고 발상을 전환하자. 믿음으로 시도하고 도전하고 모험하자. 눈총을 받고 욕을 먹어도 좋다. 믿음으로 공격하자. 믿음으로 반복하자. 믿음으로 복종하자. 믿음으로 희생하자.

불 같이 도전하라

실패가 없는 성공은 없다. 성공은 실패를 통과한다. 빌딩에 오르려면 엘리베이터를 타고 가고자 하는 층의 번호를 눌러야 한다. 절망의 층도 지나고 고통의 층도 지나고 실패의 층도 지나야 성공의 층이 나온다. 실패가 두려워서 시도하지 않으면 아무 것도 이룰 수 없다.

하로 카터스 형제가 고등학교 졸업 후 집 근처의 GM에 취직했다. 두 형제는 다 막일을 했는데 동생은 돈과 시간을 쪼개고 쪼개어 자기발전에 힘썼고 형은 항상 돈과 시간에 쪼들렸다. 많은 시간이 흐른 후 동생은 사장이 됐고 형은 막일만 하다가 65세에 정년퇴직했다. 어느 신문기자가 형에게 물었다.

"입사 후 퇴직 때까지 한 공장에서만 있었지요?"

"그렇습니다. 시간이 너무 없었고 물질적인 여유도 없어서 다른 것을 생각할 겨를이 없었습니다."

"그런데 동생은 어떻게 해서 사장이 됐나요?"

"동생은 하면 된다고 생각하는 사람이었으니까요."[33]

의식이 변해야 인생이 변한다. 부요한 의식이 있어야 부요한 환경이 열리고, 형통한 의식이 있어야 형통한 환경이 열리며 존귀한 의식이 있어야, 존귀한 환경이 열린다. 내부적인 의식이 외부적인 환경을 앞선다. 하면 된다고 생각하는 사람은 '하면 되는 행동'을 하게 된다.

1967년 일본의 도요타자동차는 미국시장에 진출했지만 판매실적이 말이 아니었다. 그러자 도요타 영업사원들이 꾀를 내어 구관조가 '도요타'를 지껄일 수 있게 만들었다. 그러자 매스컴이 난리가 났고 미국시장에서 자연스럽게 알려지기 시작했다. 그 후 도요타자동차는 미국시장에서 점점 알려지게 됐고 지금 이 회사의 렉서스는 가장 잘 나가는 브랜드로 자리 잡았다.

우리는 태어날 때부터 하나님이 천부적으로 주신 창의력만으로도 난관을 충분히 돌파할 수 있다. 일본의 유명한 카레업체, S&B의 나카다 사장은 경쟁격화에 따른 경영난을 돌파하기 위해 주요 신문에 이런 광고를 냈다. "헬리콥터로 카레 가루를 뿌려 후지산 정상의 색깔을 바꿔 놓겠다." 즉각 일본 열도가 들끓었다. "후지산은 일본의 상징인데 그 만년설을 카레로 더럽히겠다니 말도 안 된다." 여론이 연일 성토하면서 자사의 인지도를 높여 주었다. 애초부터 그에게는 카레 살포계획이 없었다. 하지만 엄청난 광고로 그의 회사는 기사회생할 수 있었다.

우리가 믿는 하나님은 무에서 유를 창조하신다. 바람의 길, 번개의 길을 내신다(욥38:24~25). 광야에 길, 사막에 강을 내신다(사43:19). 우

---

33) 김주영, 「꿈을 이루게 하는 101가지 성공노트」(백만문화사, 2004) 127~128면 참조.

리는 이 하나님을 믿고 과감하게 도전해야 한다. 장애물을 뛰어넘고 담을 뛰어넘어야 한다. 목숨을 걸고 죽고자 하면 살 것이고 버둥버둥 살고자 하면 죽을 것이다.

두 노르만 해적두목이 해상 원정대를 조직하고 아일랜드 정복에 나섰다. 먼저 손이 닿는 사람이 아일랜드 왕이 되기로 굳게 약속했다. 헬레몬 오닐의 원정대도 사력을 다 했지만 경쟁하던 원정대가 앞지르기 시작했다. 오닐은 최후의 수단으로 오른 손을 잘라 힘껏 던졌다. 커다랗게 포물선을 그리며 날아간 그의 손목은 경쟁자보다 한 발 앞서 육지에 떨어졌다. 그는 그렇게 아일랜드의 초대 국왕이 됐고 오닐 왕조는 오랫동안 알스타 지방에서 군림할 수 있었다.

버리고자 하면 얻는 길이 생긴다. "…나와 및 복음을 위하여 집이나 형제나 자매나 어미나 아비나 자식이나 전토를 버린 자는 금세에 있어 집과 형제와 자매와 모친과 자식과 전토를 백배나 받되…(막10:29~30)." 주님과 복음을 위해 헌신하면 내세의 영원한 상급이 있다. 이것이 현세를 넘어서는 우리의 궁극적인 목표다. "…네가 죽도록 충성하라, 그리하면 내가 생명의 면류관을 네게 주리라(계2:10)." "이기는 자와 끝까지 내 일을 지키는 그에게 만국을 다스리는 권세를 주리니(계2:26)."

믿음이 무엇일까. 나는 가만히 있는데 하나님이 100% 다 해주시기에 가능하다고 믿는 것도 믿음이다. 이에 반해 내가 100% 다 하는 것 같지만 하나님의 보이지 않는 손이 도와주기에 결국에는 가능하다고 믿는 것도 믿음이다. 여리고성이 무너진 것이 전자에 해당된다면 가나안 부족들과의 각개전투에서 이스라엘 백성들이 승리한 것은 후자에 해당될 것이다. 우리는 전자처럼 믿고 묵묵히 기다릴 줄 알아야 하지만 때때로 후자처럼 믿고 불 같이 도전하는 용기도 있어야 한다. 하나님은 위기시에는 적극적으로 개입하시고 평상시에는 보이지 않게 도우신다. 이스라엘 백성들이 광야에서 하나님이 일방적으로 내려주시는 만나를 먹었다면, 가나안에서는 심고 거둔 것을 먹었다. 잠잠히 기다려야 할 때에는 기다리는 것이 믿음이고 피땀으로 노력해야 할 때에는 노력하는 것이 믿음이다. 우리는 기다릴 때와 노력할 때를 잘 분별하고 둘 사이에 균형을 잡아야 한다.

핀란드의 루터교회 임원들이 헬싱키 도심에 교회를 세우기로 했으나 교회신축을 불허하는 시 조례가 그들의 길을 가로막았다. 그럼에도 불구하고 그들은 기도하기 시작했다. 안 되는 것을 되게 하시는 하나님을 믿었기 때문이다. 그러던 중 건축가가 기발한 아이디어를 냈다. 도심에 방치돼 있는 대형 암반의 내부를 파서 교회를 짓겠다는 것이었다. 시 당국은 반대할 명분을 찾지 못했다. 그렇게 해서 1969년 헬싱키 도심에 암반교회가 생길 수 있었다. 그 교회는 기도와 노력의 산물이었다. 기도하고 기다리는 것도 중요하고 끈질기게 노력하는 것도 중요하다. 포기하지 않고 믿음으로 기도하면 이루지 못할 것이 없다. 하나님은 광야에 길을, 사막에 강을 내시는 분이다(사43:19). 어떤 방식으로 그렇게 하시는가. 종종 우리의 피땀을 통해서 그렇게 하신다.

주후 70년 패망 후 유대인들은 거의 1,900년 동안 나라 없는 설움에 시달리다가 시오니즘의 나팔을 불며 1948년 이스라엘의 독립을 선언했다. 그런데 한반도의 1/10 그러니까 강원도만한 땅, 그것도 남부의 네게브 사막이 전체의 60%를 차지하는 좁은 국토였다. 그곳에서 650만 명의 유대민족이 대대로 사는 길은 사막개발뿐이었다. 그들은 거친 사막에 400킬로미터가 넘는 수로를 만들고 농로를 닦았다. 오렌지를 키우고 밀을 심고 채소를 가꾸고 돼지를 쳤다. 사막 곳곳에 키부츠라는 협동마을이 들어섰다.[34] 그러나 사막의 염기 때문에 작물이 자라지 않았다. 공무원, 농학자, 농민이 합세해 땅의 염기를 줄이고 염기에 강한 오렌지를 키우는 데 착수했다. 그 결과 화학비료와 농약을 최소한 사용하고 퇴비를 쓰는 유기농법이 창안됐다. 사막에 퇴비를 주기 위해 축산업도 병행됐다. 그 결과 현재 이스라엘은 특상품 오렌지, 유제품, 돈육가공품을 수출해 연간 30억 달러 정도를 벌어들인다.[35] 연간 60억 달러 정도의 농산물을 수입해야 하는 우리나라와는 대조적이다.

이처럼 믿음은 종종 하나님의 보이지 않는 손아래서 전적으로 노력하는 것을 뜻한다. 우리가 믿는 하나님은 사랑의 하나님, 구원의 하나님이시기 전에 창조의 하나님, 개척의 하나님이시다. 하나님의 아들, 예수님을 믿고 구원받은 우리가 이제 회복해야 하는 것은 창조정신, 개척정신으로 무장하는 것이다.

1885년 4월 미국 감리교의 H. G. 아펜젤러(1858~1902)와 함께 미국 북장로교의 H. G. 언더우드(1859~1916)는 암흑천지의 조선 땅에 개척의 첫 발을 내디뎠다. 그는 암담했던 개척선교의 현실을 이렇게 기록하고 있다.[36]

---

34) 김진홍, 「사랑하며 함께 걷는 길」(한길사. 2002) 227~228면 참조.
35) 위의 책, 275~277면 참조.
36) "언더우드 선교사, 그는 개척자의 표본이었다" 크리스천투데이(2005. 5. 16) 14면 참조.

"주님, 지금은 아무 것도 보이지 않습니다. 메마르고 가난한 땅, 나무 한 그루도 시원하게 자라 오르지 못하고 있는 땅에 주님은 저희들을 옮겨와 심으셨습니다. 그 넓은 태평양을 어떻게 건너왔는지, 그것이 기적입니다. 주님께서 붙잡아 뚝 떨어뜨려 놓으신 듯한 이 곳, 지금은 아무 것도 보이지 않습니다. 보이는 것은 고집스럽게 얼룩진 어둠 뿐입니다. 어둠과 가난한 인습에 묶여 있는 조선사람 뿐입니다. 그들은 왜 묶여 있는지도, 고통이라는 것도 모르고 있습니다. 고통을 고통인 줄 모르는 자에게 고통을 벗겨주겠다고 하면 의심하고 화부터 냅니다. 조선남자들의 속셈이 보이지 않습니다. 이 나라 조정의 내심도 보이지 않습니다.

조선의 마음이 보이지 않습니다. 그리고 저희가 해야 할 일이 보이지 않습니다. 그러나 주님, 순종하겠습니다. 겸손하게 순종할 때, 주님께서 일을 시작하시고 그 하시는 일을 우리들의 영적인 눈이 볼 수 있는 날이 있을 줄 믿나이다. '믿음은 바라는 것들의 실상이요, 보지 못하는 것들의 증거니…' 이 말씀을 따라 조선의 믿음의 앞날을 볼 수 있게 될 것을 믿습니다.

지금은 우리가 황무지 위에 맨 손으로 서 있는 것 같사오나, 지금은 우리가 서양귀신 '양귀자'라고 손가락질 받고 있사오나 저희들이 우리 영혼과 하나인 것을 깨닫고 하늘나라의 한 백성, 한 자녀임을 알고 눈물로 기뻐할 날이 있음을 믿나이다. 지금은 예배드릴 예배당도 없고 학교도 없고 그저 경계의 의심과 멸시와 천대함이 가득한 곳이지만 이곳이 머지않아 은총의 땅이 되리라는 것을 믿습니다. 주님, 오직 제 믿음을 붙잡아 주소서."

1886년 5월 11일 고아들을 대상으로 언더우드학당을 개설한 이후 모진 풍파를 겪으면서도 그는 끝내 서울에 고등교육기관을 설립하고자 했다. 그런 그에게 치명타를 가한 장본인은 바로 평양의 숭실전문학교를 중심으로 한, 북장로교의 동료 선교사들이었다. 한 배를 탔던 동지들이 세속적인 종합대학교를 설립한다며 크게 반발했을 때, 그의 의지는 잠시 꺾이는 듯했다. 그러나 창조의 하나님을 믿는 그의 개척정신을 아무도 막을 수 없었다. 그 척박했던 조선 땅에 그가 땀과 눈물과 피로 개척의 씨앗을 뿌린 지 120년이 지난 2005년 현재, 이 땅에는 그가 세운 기독교 명문사학 연세대학교가 120주년을 맞아 글로벌 리더십을 선포했고, 그가 공헌한 YMCA, 새문안교회, 대한기독교서회가 여전히 이 땅을 비추고 있다. 이렇듯 한 사람의 창조적인 개척정신이 한 나라의 운명까지 바꾼다. 창조의 하나님, 개척의 하나님은 우리가 창조적인 믿음으로 전인미답의 땅을 개척하길 원하신다.

강석규 장로님은 독학으로 초등, 중등교사 자격증을 따냈고, 뒤늦게 서울대학교 공대를 나왔다. 가난해 제대로 먹지 못했고 열등감도 지독했다. "두고 보자. 이왕에 버린 몸. 할 수 있다. 해 보자." 그는 이러한 개척정신, 도전정신으로 대성중고교, 호서전문학교, 호서대학교를 설립했고 20년 동안 호서대학교 총장을 역임했다. 2006년 현재 94세의 노구에도 불구하고 서울벤처정보대학원대학교 총장직을 수행하고 있다. 세상이 존속하는 한 사시사철이 있듯이 믿음이 존속하는 한 개척정신도 있다. "여호수아가 다시 요셉의 족속 곧 에브라임과 므낫세에게 일러 가로되 너는 큰 민족이요, 큰 권능이 있은즉 한 분깃만 가질 것이 아니라 그 산지도 네 것이 되리니 비록 삼림이라도 네가 개척하라. 그 끝까지 네 것이 되리라. 가나안 사람이 비록 철병거를 가졌고 강할지라도 네가 능히 그를 쫓아내리라(수17:17~18)."

결정적인 순간에 반드시 믿음은 개척하고 싸우고 차지하는 것으로 표출돼야 한다. 눈에 보이지 않는 하나님의 손길을 믿고 불 같이 도전하라.

담장 너머로 모자를 던져라

 미국을 비판하는 진보 지식인이나, 미국을 옹호하는 보수 기득권자나 상관없이 미국에 집도 사놓고 자식도 내보냈다면 힘없는 서민들만 서러운 것이다. 그들이 아무리 애국자인양 해도 여차하면 미국으로 떠나지 않겠는가. 집도, 자식도 있는 곳으로 말이다. 진보니, 보수니 서로 공격해도 가진 사람들이 제 살 궁리를 다 해 놓고 있다면, 서민들만 사기를 당하는 셈이다. 애국자인체 목소리를 높이지만 진보든, 보수든 가진 사람들은 나라가 망해도 별 문제 없어 보이는 것은 왜일까? 남은 좌절감은 서민들의 몫이다. 그렇다고 좌절하고만 있을 수 없다. 서민들도 자립하고 강해져야 한다.

 마부가 짐을 가득 싣고 마차를 몰다가 진흙탕에 빠졌다. 말에게 채찍을 가했지만 헛바퀴만 돌았다. 지나가는 사람에게 도움을 청하려 했지만 주위엔 자신 뿐이었다. 그는 어쩔 수 없어 마차에서 내려 힘껏 마차를 밀기 시작했다. 그러자 마차 바퀴가 진흙탕에서 빠져나왔다. 현재 처한 상황이 아무리 절망스러워도 남탓, 환경 탓하기 전에 스스로 할 수 있는 것부터 찾아야 한다. 자신의 현재 상황을 잘 파악하고 다가올 미래를 위해 과감하게 행동해야 하는 것이다. 예를 들어 아직도 영적인 확신이 없다면 말씀을 듣고 읽고 암송하고 성령님이 주시는 확신을 얻도록 간절하게 요청해야 한다. 그것을 위해 자신을 집어넣어야 한다. 우리가 지금 어디에 멈추어 있든지 거기서 앞으로 나아가야 한다. 종이배가 물가에 걸려 있듯이 현재의 장애물에 걸려 있지 말고 미래의 흐름을 타고 흐르도록 자신을 집어넣어야 한다.

한 소년이 학교를 가려면 3미터 높이의 돌담을 지나야 했다. 그는 돌담을 기어올라서 그 안을 보고 싶었지만 자신이 없었다. 그러던 어느 날 학교에서 돌아오다가 쓰고 있던 모자를 담장 너머로 던졌다. 모자를 찾기 위해서 그는 담장을 넘어야만 했다. 두려운가. 그러면 두려움을 무릅쓰고서라도 나서지 않을 수 없게 만들어라. 귀한 것을 저 앞으로 집어던져라. 그리고 전진하라. "어쨌든 우리가 이미 이룬 것을 바탕으로 해서 다 같이 앞으로 나아갑시다(빌3:16, 공동번역)." 지금 어떤 자리에 있든지 거기서 앞으로 나아가라는 것이다. 그러려면 세 가지 자세가 필요하다.

첫째는 긍정적으로 해석하는 자세다. 한 젊은이가 과거시험을 치러 한양에 갔다. 그는 시험을 치르기 이틀 전 세 번의 꿈을 꾸었다. 첫 번째 꿈은 그가 벽 위에서 배추를 심고 있었고, 두 번째 꿈은 비가 오는

데 두건을 쓰고 그 위에 우산을 쓰고 있었다. 마지막으로 세 번째 꿈은 마음으로 사랑하던 여인과 등을 맞대고 누워 있는 것이었다. 꿈이 심상찮아 점쟁이한테 물었다.

"벽 위에 배추를 심으니 헛된 힘을 쓴다는 것이요, 두건을 쓰고 우산을 쓰니 또 헛수고한다는 것이요, 사랑하는 여인과 등졌으니 그것도 헛일이라는 것입니다. 그러니 고향으로 돌아가는 게 좋겠소."

풀이 죽어 젊은이가 짐을 챙기는데, 여관주인이 자초지종을 물었다. 젊은이가 꿈을 이야기하자 여관주인도 해몽해 주었다.

"벽 위에 배추를 심었으니 높은 성적으로 합격한다는 것이요, 두건을 쓰고 우산을 썼으니 이번만큼은 철저하게 준비했다는 것이요, 몸만 돌리면 사랑하는 여인을 품에 안을 수 있으니 쉽게 뜻을 이룬다는 것입니다. 그러니 꼭 시험을 봐야 하겠소."

그는 과거에 급제할 수 있었다. 잘 풀리면 주님의 은혜요, 안 풀리면 더 큰 복을 주시려는 주님의 훈련이다. 그런 의미에서 우리의 삶은 주님 안에서 만사형통이다. 모든 것을 합력해서 좋은 것을 이루시는 주님을 굳게 믿으니 만사가 긍정적이게 된다. 지금 복을 받으면 좋고 아니면 나중에 더 받게 되니 좋다. 그것도 아니면 우리의 후대가 받을 것이니 좋다. 매사를 긍정적으로 봐야 한다. 하나님이 보고 계시고 행한 대로 갚아주겠다고 약속하셨기 때문이다.

둘째는 두려워하지 않는 자세다. "여호와, 그가 네 앞서 행하시며 너와 함께 하사 너를 떠나지 아니하시며 버리지 아니하시리니 너는 두려워 말라, 놀라지 말라(신31:8)." 성경에 두려워 말라는 말씀이 366번 있다고 한다. 그것은 우리가 매일을 두려워하면서 산다는 증거다. 그러나 말씀이 있으면 믿음이 생기고(롬10:17) 기도하게 된다. 그래서 성령충만 하게 되어 자유함 속에서 마음껏 일을 저지르게 된다. 두려움을 이기려면 말씀충만이 선행돼야 한다. "너희가 내 안에 거하고 내 말이 너희 안에 거하면 무엇이든지 원하는 대로 구하라. 그리하면 이루리라(요15:7)."

셋째는 끈기를 가지는 자세다. 어린이는 뒤집기, 기기, 일어서기, 가기를 하려고 끝없이 도전한다. 어린이는 어떤 목표물을 보면 앞의 장애물을 전혀 의식하지 않고 목표물만 바라보고 전진한다. 우리는 다 한 때, 그렇게 눈부신 끈기를 가졌었다. 그러다가 자꾸 장애물을 만나면서 끈기를 잃고 말았다. 목표에 집중하고 적응하는 것이 아니라, 장애물에 집중하고 적응하게 된 것이다. 그러면 안 된다. 눈도, 마음도, 몸도 장애물을 떠나 목표로 이동해야 한다. 그냥 되는 게 없다. 목표를 세우고 눈부신 끈기로 도전해야 한다.

공자는 난세에 덕치를 실현하고 싶었다. 그래서 55세의 나이에 자신의 이상을 받아줄 왕을 찾아 세상을 떠돌았다. 그 과정에서 살해위협을 비롯한 숱한 죽음의 고비를 넘겼다. 환갑이 가까운 나이에 노숙자 생활을 하다가 상갓집 개라는 모욕을 당하기도 했다. 뿐만 아니라 수제자 안연과 외아들 공리를 먼저 떠나보내야 했다. 그러나 그는 14년 동안의 고난을 거쳐 유가철학의 대가로 우뚝 설 수 있었다. 그는 춘추전국시대의 난세를 도피하지 않고 그 한복판에서 치열한 모험정신으로 살았던 것이다. 현재가 난세라고 해서 피하면 안 된다. 뜻을 세우고 치열하게 전진해야 한다.

사도 바울은 로마제국의 난세에서도 이방인들에게 복음을 전하는 사명을 완수하려고 필설로 다 할 수 없는 고통을 당했지만(고후6:4~5) 눈부신 끈기로 이겨나갔다. "…그러나 한 가지 일만은 분명히 하고 있습니다. 즉 뒤에 있는 것은 잊어버리고 앞에 있는 것을 잡으려고 그리스도 예수님 안에서 하나님이 위에서 나를 부르신 부름의 상을 얻으려고 목표를 향해 달려가고 있습니다(빌3:13~14, 현대인의 성경)." 지금 어느 지점에 멈추어 있든지 거기서 앞으로 나아가라. 앞의 목표를 향해 자기 자신을 집어던져라.

우리가 기도하다 보면 '기도만 한다고 해서 뭐가 될까' 하는 의구심이 생기기도 한다. 그러나 난제일수록 수동적인 기도가 적극적인 활동보다 낫다. 기도로 전능하신 하나님을 움직일 수 있기 때문이다. 기도는 안 되는 것을 되게 하고 못하는 것을 하게 한다. 다만 기도를 시작하면 달리기를 하듯이 끝까지 해야 한다. 기도목표를 세우고 참신한 마음으로 달려들지만 중도포기 하는 사람이 많다. 우리는 땀나고 응답될 때까지 꾸준히 계속해서 기도해야 한다. 2, 3번 치다가 말아서는 안된다. 완승을 거둘 때까지 5, 6번은 쳐야 한다. "하나님의 사람이 노하여 가로되 왕이 오륙 번을 칠 것이니이다. 그리하였더면 왕이 아람을 진멸하도록 쳤으리이다. 그런즉 이제는 왕이 아람을 세 번만 치리이다 하니라"(왕하13:19). 1, 2번 파서는 안 된다. 우물을 얻을 때까지 파야한다. "이삭이 거기서 옮겨 다른 우물을 팠더니 그들이 다투지 아니하였으므로 그 이름을 르호봇이라 하여 가로되 이제는 여호와께서 우리의 장소를 넓게 하셨으니 이 땅에서 우리가 번성하리로다 하였더라(창 26:22)." 계속 하면 되고 안 하면 안 된다. 우리는 힘껏, 땀나게, 힘에 부치도록 계속해야 한다. 하는 둥 마는 둥, 흐지부지 해서는 안 된다. 아무리 불황이라고 해도 잘 되는 사업이 있다. 아무리 죽겠다고 야단이어도 성공하는 사람들이 있다. '안 된다, 안 된다' 하는 사람들의 말에 민감하게 반응해서는 안 되는 것이다.

아버지가 길가에서 핫도그를 팔았다. 간판도 세우고 품질도 좋아서 핫도그가 잘 팔렸다. 아버지는 더 많은 핫도그를 만들어 팔았다. 얼마 후 아들이 대학을 마치고 집으로 돌아와 말했다.
"아버지, 신문도 안 보세요. 요즘 경기가 말이 아닙니다. 미국도, 유럽도, 일본도 경제가 엉망이고 우리나라는 최악입니다."
아버지는 잘 배운 아들이 옳겠거니 싶어 간판도 내리고 핫도그 생산량도 줄였다. 자연히 손님이 줄었다. 가끔은 이처럼 남의 말에 촉각을 곤두세움으로써 피해를 보게 된다.
두 아이가 저수지에서 얼음을 지치다가 얼음이 깨지는 바람에 큰 아이가 빠지고 말았다. 작은 아이가 썰매로 얼음을 힘껏 내리쳤지만 아무소용 없었다. 작은 아이는 저수지 기슭에 버려진 큰 나무토막을 급히 주워 다시 얼음을 쳤다. 얼음이 깨어지고 큰 아이는 그 틈새로 숨을 쉴 수 있었다. 나중에 사람들이 어떻게 그런 생각을 했느냐고 물었다. 그러자 작은 아이는 "그 때 거기에는 안 된다고 말하는 사람이 없었거든요." 라고 대답했다. 하면 되고 안 하면 안 된다. "나는 심었고 아볼로는 물을 주었으되 오직 하나님은 자라나게 하셨나니(고전3:6)." 계속 심고 물을 주면 하나님이 자라나게 해 주신다. 우리가 심어놓고 뽑거나 물을 주지 않으면 자라는 것을 볼 수 없다. 그러나 우리가 심고 물을 주기만 하면 반드시 자라는 것을 보게 될 것이다. 우리는 거둘 수밖에 없는 인생이다. "우리가 선을 행하되 낙심하지 말지니 피곤하지 아니하면 때가 이르매 거두리라(갈6:9)." 중단하지 않고 계속 전진해야 한다. 기도도, 믿음도, 일도, 인생도 전진이다.

건강이 무엇인가. 아프지 않는 상태인가. 그렇다면 건강한 사람이 몇이나 되겠는가. 건강은 아파도 극복하고 전진하는 것이다. 용기가 무엇인가. 두려움이 없는 상태인가. 그렇다면 용감한 사람이 몇이나 되겠는가. 용기는 두려워도 극복하고 전진하는 것이다. 평안이 무엇인가. 고통이 없는 상태인가. 그렇다면 평안한 사람이 몇이나 되겠는가. 평안은 고통스러워도 극복하고 전진하는 것이다. 믿음이 무엇인가. 불신이 없는 상태인가. 그렇다면 믿음이 있는 사람이 몇이나 되겠는가. 믿음은 불신이 있어도 극복하고 전진하는 것이다. 한 번 후퇴하면 열 번 후퇴하게 되고 한 번 잃으면 열 번 잃게 된다. 전진하고자 하는 사람은 전진하고 얻고자 하는 사람은 얻는다. 우리는 낙심을 이기고 피곤을 이기고 전진해야 한다. "내가 주를 의뢰하고 적군에 달리며 내 하나님을 의지하고 성벽을 뛰어 넘나이다(삼하22:30)." 다윗의 이 외침이 우리의 외침이어야 하겠다.

왕희지는 동진 시대의 중국에서 서예가로 이름을 떨쳤다. 하루는 한 젊은이가 그에게 찾아와 서예의 비결을 묻자 자기 집의 후원으로 데리고 갔다. 그곳에는 큰 물독이 18개 있었다. "자네가 저 물독에 든 물을 다 쓰면 내 말의 뜻을 알 것이네." 그의 탁월한 서예 솜씨는 쉼 없는 전진의 결과였던 것이다. 그가 얼마나 붓글씨에 몰두했던지 떡을 먹에다 찍어 먹었다고 한다. 심지어 그가 벼루를 닦았던 연못이 검게 변해 버렸다는 얘기도 전설처럼 전해지고 있다.

기도도, 믿음도, 일도, 인생도 전진이다. 하나님은 우리가 심한 어려움 가운데서도 전진해야 한다고 요구하신다. "네가 보행자와 함께 달려도 피곤하면 어찌 능히 말과 경주하겠느냐. 네가 평안한 땅에서는 무사하려니와 요단의 창일한 중에서는 어찌하겠느냐(렘12:5)."

태어난 지 100일도 안 돼 어머니를 잃었다. 고2 때, 아버지까지 폐암에 걸려 돌아가셨다. 그는 살려 달라고 애원하는 아버지를 보면서 의사가 되기로 결심한다. 열심히 준비했지만 의대시험에 낙방했다. 영어를 배우기 위해 카투사에 입대했다. 서른이 넘어 겨우 졸업했지만 갈 데가 없었다. 하는 일마다 실패했다. 그러다가 영어 하나만 믿고 무역업에 뛰어들었다. 끊임없이 실패했지만 끊임없이 도전했다. 그가 필라 코리아의 윤윤수 회장이다. 그는 1991년 필라 코리아를 맡은 후 해마다 30%가 넘는 성장률을 기록했다. 이탈리아의 본사까지 사들이는 이변도 일으켰다. 연봉 18억 원을 받는 그는 샐러리맨들의 우상이다.

세상 사람들이 이렇게 목숨을 걸고 자기 힘으로 일어서는데 창조주 예수님을 믿는 우리가 왜 주저앉아야 하는가. "할 수 있거든이 무슨 말이냐. 믿는 자에게는 능치 못할 일이 없느니라(막9:23)." 우리는 할 수 있고 될 수 있다. "내게 능력 주시는 자 안에서 내가 모든 것을 할 수 있느니라(빌4:13)."

석봉토스트의 김석봉 사장은 셋째 아이를 낳고 나서 단단히 결심했다. "내 대에서 가난을 끊자." 그는 단속반에게 쫓기고 멱살을 붙잡히면서도 열심히 노점에서 토스트를 구웠다. 위를 75% 가까이 잘라내는 위암수술을 받고도 포기하지 않았다. 지금도 새벽 같이 일어나 잠언을 읽고 기도한다. "주님, 이 손에 솜씨와 맛을 주옵소서." 그 어려웠던 2004년도에 체인점을 60개를 늘렸고 직원도 11명이나 둔 회사까지 설립할 수 있었다.

우리는 가난의 골짜기에 대해 심각하게 생각해야 한다. 가난의 골짜기를 탈출하지 않으면 가난이 대물림되기 때문이다. 다 먹을 복 타고 나니까 걱정 안 해도 되는가. 주님이 도와주시니까 그냥 손을 놓고 있어도 되는가. 아니다. 우리는 주님과 믿음의 맞장구를 쳐야 한다. 믿음이 없으면 능력발휘가 안 된다. "저희의 믿지 않음을 이상히 여기셨더라…(막6:6)." 믿음이 없으면 기적도 없다. "거기서는 아무 권능도 행하실 수 없어 다만 소수의 병인에게 안수하여 고치실뿐이었고(막6:5)." 예수님은 하늘과 땅의 권세를 가지신(마28:18) 주님이시요, 하나님이시요(요20:28), 왕이시다.

우리가 믿는 예수님이 시시한 분이 아니니까 우리의 믿음도 시시하지 않다. 믿음이 있으면 병을 고치는 것은 물론이요, 예언과 기적도 행할 수 있다. 귀신도 쫓고 난관도 돌파한다. 믿음이 열쇠다. "믿는 자들에게는 이런 표적이 따르리니 곧 저희가 내 이름으로 귀신을 쫓아내며… 뱀을 집으며… 병든 사람에게 손을 얹은즉 나으리라…(막 16:17~18)." 우리는 주님과 믿음의 맞장구를 계속 치면서 치열한 실천을 반복해야 한다. 그렇게 해서 좋은 습관을 길러야 한다. 이기고 지는 것은 습관에 달렸기 때문이다.

브라이언 트레이시는 세계 최고수준의 비즈니스 컨설턴트다. 그는 해마다 세계적으로 25만 명에게 자기경영 비결을 전수하는 자기경영의 대가다. 그는 실업자인 아버지를 둔 까닭에 집안이 매우 어려웠다. 10세 때부터 이웃집 잔디를 깎고 신문을 배달하는 등 닥치는 대로 일을 해야 했다. 고등학교 중퇴 후 몇 년간은 제재소에서, 숲에서, 공장에서, 화물선에서 막노동을 했다. 오래지 않아 그런 일들도 바닥났다. 그래서 하게 된 게 방문 판매원이었다. 여기저기를 부지런히 돌아다녔지만 싸구려 여인숙을 전전할 뿐이었다. 심지어 거리에서 밤을 지새우기도 했다. 그러던 어느 날 '어째서 누구는 성공하고 누구는 실패하는가?' 라는 생각이 들었다.

그는 즉시 자기 회사에서 가장 성공한 세일즈맨을 찾아가 판매비결을 물었다. 책도 읽고 테이프도 듣고 세미나에도 참석했다. 그리고 배운 대로 실천했다. 판매실적이 뛰기 시작했다. '할 수 있다'는 긍정적인 사고가 결코 마술이 아님을 깨달았다. 좋은 목표를 세우고 좋은 습관을 들이는 것이 성공의 지름길임도 알게 됐다. 그는 좋은 습관을 들이기 위해 자신의 삶을 과감하게 구조조정 했고 그 결과 목표를 성취하는 성공을 이루었다. 성공하게 만드는 습관은 따로 있는 것이다.

항상 그런 것은 아니지만 남다른 습관이 남다른 인생을 만든다. 좋은 습관이 좋은 인생을 만들고, 부유하게 하는 습관이 부유한 인생을 만들고, 성공하게 하는 습관이 성공하는 인생을 만든다. 사소한 습관이 인생의 큰 차이를 내는 것이다. 남다른 차이를 내는 게 인생이라면 우리는 날마다 남다른 습관을 쌓아야 하겠다.

우리가 현세와 내세에서 성공을 거두려면 경건을 습관화해야 한다. "육체의 연습은 약간의 유익이 있으나 경건은 범사에 유익하니 금생과 내생에 약속이 있느니라(딤전4:8)." 경건을 습관화하려면 우선 마음에 하나님의 말씀을 충만하게 채워야 한다. 그리고 그 말씀에서 신앙의 원리를 발견하고 따라 살 수 있도록 기도로 능력을 덧입어야 한다. 산발적인 경건으로는 이 험악한 세상을 이길 수 없다. 탄탄한 경건이 뒷받침돼야 한다. 습관화된 경건이 있어야 한다는 것이다. 그러려면 어떤 경우에도 포기하지 않는 끈기, 집요하게 물고 늘어지는 근성, 목숨을 거는 깡, 꺼지는 않는 불이 있어야 한다. 일단 주 예수님을 믿기로 했으면 끝장을 봐야 한다. "그러므로 내 사랑하는 형제들아, 견고하며 흔들리지 말며 항상 주의 일에 더욱 힘쓰는 자들이 되라…(고전15:58)." 우리를 둘러싼 환경에 따라 요동하는 신앙인이 아니라 환경을 지배하고 극복하고 바꾸어야 한다. 그러기 위해서는 기도와 말씀의 뿌리가 깊이 박힌, 경건의 습관화를 통해 영적인 내공을 기르면 된다. 그렇지 않고서는 자기 자신을 부인하는 주님의 제자(눅9:23), 바로 가서 맡겨진 일을 하는 주님의 일꾼(마25:16), 자기 생활에 얽매이지 않는 주님의 군사(딤후2:4)가 될 수 없다.

오다 노부나가(1543~1582)는 일본 통일의 대업을 달성하기 위해서 막강한 영주였던 이마가와 요시모토의 공격을 이겨야만 했다. 그러나 요시모토의 병력은 4만 명이었고, 그의 병력은 3천 명에 불과했다. 그의 신하 하나는 항복하자고 했고 또 다른 이는 싸움을 걸지 말고 조용히 있자고 했다. 누군가는 싸우다가 장렬하게 전사하자고도 했다. 그러나 그는 이기려고 행동에 돌입했다. 용맹한 부하 10명을 이끌고 요시모토의 진영을 기습해 적장의 목을 베어버린 것이다. 좋은 사례는 아니지만 항상 부정적으로 맴도는 우리의 마음에 충격을 가하기에 충분하다. 그에게는 '이기는 습관의 DNA'가 있었던 것 같다.

주 예수님은 눌린 사람들을 자유하게 하시려고(눅4:18) 이 세상에 오셨다. 이 주님을 믿고 본받아 영적으로나 환경적으로나 우리를 누르는 모든 것들을 이겨야 한다. 주님과 믿음의 맞장구를 치자. 치열하게 실천하자. 이기는 습관을 기르자.

이것이 일꾼이다

일꾼의 자질이 무엇인가. 분당 할렐루야교회의 김상복 목사님은 열정을 첫째 자질로 꼽는다. 주인이 외국으로 떠나면서 한 종에게 5달란트를 맡겼다. 그러자 그는 장사를 시작했다. "다섯 달란트 받은 자는 바로 가서 그것으로 장사하여…(마25:16)." 일단 명령이 떨어지고 임무가 주어지면 즉시 수행하는 것, 이것이 열정이다. 다섯 달란트 받은 자는 비전과 목표가 분명했다. 주인에게 충성하여 인정받고 주인과 좋은 관계를 맺는 것이 그의 비전이었다. 그리고 주인의 명령을 잘 수행해서 많은 이익을 남기는 것이 목표였다. 비전과 목표가 분명하면 걸음걸이부터 다르다. "오랜 후에 그 종들의 주인이 돌아와…(마25:19)."

열정은 불덩어리다. 그렇기 때문에 열정이 있으면 온갖 장애물도 다 녹인다. 열정은 전염병과도 같다. 열정은 금방 다른 사람들한테 옮겨 붙는다. 우리는 다른 사람들한테 에너지를 불어넣는 플러스 에너자이

저인가, 아니면 다른 사람들의 에너지를 빨아먹는 블랙홀인가.

　도산 안창호는 일편단심으로 조국을 사랑했다. 그 열정 때문에 감옥에 갇히는 것도 불사했다. 열정이 있으면 다른 사람들을 격동시킨다. 나 때문에 누가 움직인다면 열정적인 사람인 것이다. 그렇다면 우리는 무엇을 향해 열정을 내뿜어야 하는가. 영혼사랑, 주님사랑이다. 단 한 사람도 절대로 지옥에 안 보내겠다는 영혼사랑의 열정으로 살아야 하고, 주님을 위해서라면 감옥도 불사하겠다는 주님사랑의 열정으로 살아야 한다.

　유럽교회가 왜 술집으로 바뀌었는가. 영혼사랑의 열정, 주님사랑의 열정이 식었기 때문이다. 영혼, 주님, 주님나라, 영생, 영원한 상급에 대한 열정이 있으면 아주 역동적으로 움직일 것이요, 그렇지 않으면 작은 장애물에도 불평불만을 쏟아내고 못하겠다고 야단일 테다. 영혼, 주님, 주님나라, 영생, 영원한 상급에 대한 열정이 있으면 거리가 먼 것이 문제가 되겠는가? 건강하지 못한 것이 무슨 문제며, 돈이 없는 것이 무슨 문제인가. 어떤 장애물도 문제될 것이 없다.

　달란트가 많고 적은 것은 우리의 소관이 아니다. 달란트의 양을 결정하는 것은 주인의 고유권한이다. 종은 달란트의 양에 대해 왈가왈부할 수 없다. 단지 받은 달란트를 잘 활용할 의무만 있을 뿐이다. 5달란트를 받은 종이나, 2달란트 받은 종이나 열정적으로 일했다. "두 달란트 받은 자도 그 같이 하여…(마25:17)." 그런데 1달란트 받은 종은 비전이나 목표, 또는 열정이 없었다. "한 달란트 받은 자는 가서 땅을 파고 그 주인의 돈을 감추어 두었더니(마25:18)." 열정이 없으니 게으르고 사소한 장애물도 극복하지 못하는 것이다. 그러면서도 핑계거리는 많다. "…주여, 당신은 굳은 사람이라 심지 않은 데서 거두고 헤치지 않은 데서 모으는 줄을 내가 알았으므로(마25:24)."

열정이 있는 사람은 무엇을 하든지 감동을 불러일으켜 다른 사람들을 전염시키며 불가능한 것들도 이루어낸다. 일꾼의 첫째 자질은 분명한 비전과 목표, 그리고 뜨거운 열정이다. 우리의 열정은 무엇을 위한 것인가. 영혼, 주님, 주님나라, 영생, 영원한 상급이다. 열정이 있는 사람은 자신도 돌고 남도 돌게 한다. 그러나 열정이 없는 사람은 리더가 돌려주어야 한다. 직장이나 교회도 마찬가지다. 스스로 도는 사람이 많고 또 남을 돌리는 일꾼이 많으면 그 조직은 아주 역동적이게 된다. 비전과 목표가 분명하고 열정이 있으면 자발적으로, 주도적으로 움직이기 때문이다.

리더십이란, 스스로 움직이며 또 남을 움직이게 하는 것이다. 리더가 누구인가. 스스로 움직이고 남을 움직이게 하는 사람이다. 우리는 자발적으로, 주도적으로 움직이고 또 남을 움직이게 하는 복음의 리베로가 돼야 한다. 스스로 움직이고 남을 움직이는 사람인가, 아니면 남이 움직여 주어야 하는가. 이것이 일꾼과 일꾼이 아닌 사람의 차이다.

일꾼의 첫째 자질이 열정이라면 둘째 자질은 김상복 목사님의 말씀대로 지혜다. 지혜란 똑같은 일에 더 많은 능력을 발휘하는 것이다. "다섯 달란트 받았던 자는 다섯 달란트를 더 가지고 와서 가로되 주여, 내게 다섯 달란트를 주셨는데 보소서, 내가 또 다섯 달란트를 남겼나이다. 그 주인이 이르되 잘 하였도다…(마25:20~1)." 열심만 가지고는 안 된다. 똑같은 일이라도 독창성을 겸비하여 효과적으로 민첩하게 처리할 수 있는 지혜가 필요하다. 그러려면 상황을 잘 파악하고, 사람을 잘 관찰하고 사리판단을 잘 해야 한다. 그러기 위해서는 부지런히 지혜를 구해야 한다. 기도해서 구하고 성경을 읽어서 구하고 책을 읽어서 구해야 한다. 여의도순복음교회의 지교회를 담당하는 목회자들은 한 달에 책 2권을 읽고 독후감을 쓰지 않으면 사례비 삭감을 당한다. 책을 통해 일을 잘 할 수 있는 지혜를 터득하기 때문일 것이다. 기도, 성경, 책을 통해 부지런히 지혜를 구해야 할 것이다.

효과적인 일꾼이 되려면 무엇보다 성령 충만을 유지해야 한다. 지혜의 성령이시기 때문이다. "여호와의 신 곧 지혜와 총명의 신이요, 모략과 재능의 신이요, 지식과 여호와를 경외하는 신이 그 위에 강림하시리니(사11:2)." 지금은 무한경쟁의 시대이기 때문에 독창적으로, 효과적으로, 민첩하게 일하지 않으면 앞서기는커녕 생존하기도 어렵다. 지혜는 일꾼의 둘째 자질이다.

셋째 자질은 무엇인가. 투명성이다. "…착하고 충성된 종아…(마25:21)." 착하다는 것, 정직하다는 것은 겉과 속이 다르지 않고 투명하다는 것이다. 어떤 사람은 '안 한다, 안 한다' 해서 맡기지 않으면 시험에 빠져 마음이 삐쳐 있다. 자기한테 안 맡겼다는 것이다. 어떤 이는 '한다, 한다' 하기에 맡겼더니 얼마 후 안 한다고 한다. 진짜 자기한테 맡길 의사가 있는지, 한 번 떠보려는 것이다. 이런 사람들은 피곤하다. 속뜻, 본심, 진의, 의중, 저의가 무엇일까 하고 계속 따져봐야 하기 때문이다. 착한 사람은 투명해서 속이 다 보인다. 단순하고 명쾌하다. 뭔가 꼼수를 두는 간사함이 없다. 있는 그대로 말하고 부풀리지 않는다.

그렇기 때문에 감정, 에너지, 시간낭비를 안 해도 된다.

넷째 자질은 충성심이다. "…네가 작은 일에 충성하였으매… (마 25:21)." 뭘 맡으면 틀림없이 해 낸다. 즉시 착수하는 열정이 있을 뿐만 아니라 오랫동안 해내는 충성심도 있다. 작은 일일지라도 최선을 다한다. 처음부터 크고 귀한 일, 많은 일을 하는 사람은 없다. 작은 일에서 통과한 사람이 크고 귀한 일, 많은 일도 맡게 된다. 이것이 하늘의 이치요, 땅의 이치다.

어느 날 테레사 수녀가 고아들을 위한 계획을 가지고 많은 사람들 앞에 서게 됐다.

"준비는 다 됐습니까?"

기자의 질문에 그녀는 호주머니에서 동전 몇 개를 꺼내들고 말했다.

"나에겐 이게 전부이지만 주님께서 더하시면 할 수 있습니다."

많은 세월이 흘러 그녀가 노벨상을 받은 후 자신의 사역을 이렇게 회고했다.

"난 결코 대중을 구원하려고 하지 않습니다. 다만 한 개인을 바라볼 뿐입니다. 난 한 번에 한 사람만을 껴안을 수 있습니다. 단지 한 사람, 한 사람, 한 사람씩만… 따라서 당신도 시작하고 나도 시작할 것입니다. 난 한 사람을 붙잡습니다. 만일 내가 그 사람을 붙잡지 않았다면 난 수많은 사람을 붙잡지 못했을 것입니다."

주님께서는 처음부터 큰 사람, 큰일을 사용하시지 않는다. 작은 일이라도 일단 시작하고 꾸준히 계속하면 크고 놀라운 일이 벌어질 것이다. 작은 사역이 쌓여 위대한 사역을 만든다. 내가 맡은 직분이 무엇이든지 간에 그것을 소홀하게 다루면 주님은 더 나은 직분을 맡기지 않으실 것이다. 우리의 직분이 무엇이든지 간에 잘 감당해야 하겠다.

다섯째 자질은 끝맺음이다. "오랜 후에 그 종들의 주인이 돌아와 저희와 회계할 새(마25:19)." 일을 시작했으면 결과를 봐야한다. 그런데 일만 벌이고 끝맺음이 없는 사람이 있다. 그래서는 안 된다. 시작이 있으면 끝을 봐야 한다. ING생명보험의 임인호 신화지점 부지점장(1971년 출생)은 일꾼의 자질을 두루 갖춘 듯하다. 그는 '정성단무지'로 일한다. 정직하고 성실하게, 단순하고 무식하게, 지속적으로 추진해서 끝을 본다는 것이다. 그래서 그는 1주에 3건의 보험계약을 체결하는 3W를 250주 연속으로 달성하기도 했다. 그는 직장 일뿐만 아니라 주님 일에도 열심이다. 오랫동안 토요일이면 아버지학교를 충성스럽게 섬긴다. 주일이면 교회학교 부흥을 위해 힘을 쏟는다. 종종 직장인들에게 간증을 곁들인 특강도 즐겨 한다. "내가 끝을 볼 때까지 주님 일을 하면, 주님께서 끝을 볼 때까지 내 일을 해 주십니다." 그가 열정적으로 전하는 고백이다.

일꾼에게는 열정과 지혜, 투명성과 충성심, 그리고 끝맺음이 있어야 한다. 이런 자질을 갖춘, 좋은 일꾼은 첫째로 주인의 칭찬을 받게 된다. "…잘 하였도다. 착하고 충성된 종아…" 주인한테 칭찬받는 일꾼은 행복하다. 작곡가 베르디가 연주 후 우레 같은 청중의 박수를 받았다. 그러나 그의 시선은 2층에 머물렀다. 거기에 스승 롯시니가 있었기 때문이다. 청중의 박수갈채보다 스승의 칭찬 한 마디가 더 중요했던 것이다.

윗사람한테 칭찬받은 경험이 있는 사람은 성공적인 인생을 살 수 있다. 우리는 마지막 날에 주님의 칭찬을 받아야 한다. 사람들의 칭찬을 바라보지 말고 오직 저 위에 계신 주님의 칭찬을 바라보고 매순간, 최선을 다

해야 하겠다.

좋은 일꾼은 둘째로 사역이 더 성장하게 된다. "…내가 많은 것으로 네게 맡기리니…(마25:21)." 처음에는 맡은 일이 작았지만 점점 더 크고 귀하고 많은 일을 맡게 된다. 좋은 일꾼은 셋째로 충분한 보상을 받게 된다. "…네 주인의 즐거움에 참예 할지어다…(마25:21)." 결국 좋은 일꾼은 자신이 수행한 사역을 통해 주인을 더 신뢰하게 되고 주인도 그를 더 신뢰하게 되는 선순환을 갖게 되는 것이다.

우리의 주인은 예수님이시다. 주님이 명령하시면 즉시, 끝까지 수행하는 열정이 있어야 한다. 또 지혜롭게, 투명하게, 충성스럽게 일해야 한다. 그리고 시작했으면 반드시 끝에 가서 결과를 보고해야 한다. 그리하면 우리는 칭찬받고 더 성장하고 충분히 보상받는 인생을 살게 될 것이다. 비록 사람들이 날 몰라줘도 저 위에 계신 주님의 칭찬을 사모하며 처음부터 끝까지 달음박질하는 착하고 충성된 일꾼이 돼야 하겠다.

이것이 군사다

주님은 군사를 찾으신다. 주님의 원수가 존재하고 악이 존재하기 때문이다. 누가 군사인가. "군사로 다니는 자는 자기 생활에 얽매이는 자가 하나도 없나니 이는 군사로 모집한 자를 기쁘게 하려 함이라(딤후 2:4)." 주님이 기뻐하시는 군사는 네 가지 자질로 요약된다.

군사의 첫째 자질은 열정이다. 미디안 동맹군과의 한 판 싸움을 앞두고 기드온이 나팔을 불자(삿6:33~34) 32,000명의 이스라엘 백성들이 분연히 일어섰다(삿7:1). 미디안과 싸우는 것은 기드온의 영웅심리가 아니라 하나님이 시키신 하나님의 일이다. 하나님의 일이라면 여유가 없어도 열정적으로 여유를 만들어 해야 한다. 나팔을 불었을 때, 열정적으로 나서는 것이 군사의 첫째 자질이다. 열정이 있어야 활동이 증가하고 활동이 증가하면 열매도 증가한다. "다섯 달란트 받은 자는 바로 가서 그것으로 장사하여 또 다섯 달란트를 남기고(마25:16)." 군사는 높은 수준의 열정을 항상 유지하도록 자기 자신을 잘 훈련해 놓아야 한다.

군사의 둘째 자질은 용기다. 32,000명 중 22,000명이 두려움으로 기드온 곁을 떠났다(삿7:2~3). 열정만으로는 리더가 될 수 없다. 용기도 있어야 한다. 용기란 두려움을 이기는 힘이다. 두려움과 무서움, 불안과 염려는 아무 것도 못하게 한다. "두려워하여 나가서 당신의 달란트를 땅에 감추어 두었었나이다…(마25:25)." 두려움이 있으면 역량발휘가 불가능하다.

고교생 중에 은둔형 외톨이가 증가하고 있다. 친구, 가족과 담을 쌓으며 낮에 자고 밤중에 인터넷을 한다. 치열한 입시경쟁에 따른 심리압박 때문이다. 그러나 숨는 순간에 갇히고 만다. 두려움은 숨게 하고 갇히게 하고 아무 것도 못하게 한다. 두려움은 마음의 문제다. 마음이 두려움을 선택했기 때문이다. 마음이 두려움을 느끼면 그 누구도 말릴 수 없다. 각자 자기 마음을 점검해 봐야 한다. 처칠은 '선의 허약함 때문에 악이 번성하는 것을 견딜 수 없다'며 용감하게 전쟁터를 누볐다. 선을 믿고 선을 행한다고 하지만 우리의 선이 얼마나 허약한가. 골방기도와 함께 압제에 맞서는 용기도 겸해야 한다.

군사의 셋째 자질은 절제다. 200여 년 전, 미즈노 남보쿠는 일본의 정신세계를 주도했던 대사상가였다. 그는 10세쯤에 부모를 잃고 삼촌 댁에서 자라다가 10대에 술, 도박, 싸움을 일삼아 감옥에 가게 됐다. 그는 거기서 죄수들의 인상이 보통 사람들과는 다르다는 것을 알게 됐다. 그는 자신의 인상에 대해서도 알아봤는데 그 결과는 충격적이었다. "앞으로 1년 안에 칼에 맞아 죽을 운명이니 입산수도하는 길밖에 없다." 가까운 절에 가서 입산수도를 간청했지만 주지는 까다로운 조건을 달았다. "얼굴에 살기가 있으니 1년 동안 집에서 보리밥에 흰 콩만 먹다가 다시 오라." 그 때부터 그는 1년 내내 보리밥에 흰 콩만 먹었다. 그렇게 절제된 생활을 통하여 그의 인상을 완전히 변했다. 그 후 9년 동안 뼈를 깎는 정진을 거듭해 당대 최고수준의 사상가가 될 수 있었다.[37]

아마 고된 훈련 후 기드온이 10,000명을 물가에 풀어놓고 물을 마시게 했던 것 같다. 그러자 물을 벌컥벌컥 들이키는 9,700명과 손으로 물을 움켜쥐고 핥는 300명으로 대별됐다(삿7:4~6). 열정과 용기는 있는데 절제가 없다면 온전하게 쓰임 받을 수 없다.

명견과 잡견, 명마와 잡마의 차이도 절제다. 명견은 며칠을 굶겨도 독이 든 고기는 먹지 않는다. 며칠 굶은 명마는 물가로 이끌어도 중지 신호에 즉시 멈춘다. 멈출 줄 아는 절제가 명견, 명마를 결정한다. 용기는 넘치지만 배부른 사람, 술 취한 사람, 치마폭에 쌓인 사람, 군화를 벗어 제치고 알몸으로 쿨쿨 자는 사람, 아둔한 사람은 이미 군사가 아니다. 밥을 먹어도 몸이 가볍게 먹고, 군복을 입어도 몸이 가볍게 입어야 한다. 새우잠을 자도 군화를 신고 자다가 상부명령이 떨어지면 즉시 출동할 수 있도록 민첩해야 한다. 자기 절제 없이는 민첩할 수 없고, 민첩하지 않고서는 용기가 있어도 삼손의 최후만 있을 뿐이다. 절제가 뒷받침될 때 비로소 참된 용기가 되는 것이다.

참된 군사는 오랫동안 한결 같이 절제하며 충성한다. "오랜 후에 그

---

37) 김진홍. "절제하는 신앙" 크리스천투데이(2005. 5. 30) A20면 참조.

종들의 주인이 돌아와 저희와 회계할 새(마25:19)." 절제와 충성은 성령의 열매다. 금세 툴툴거리는 불평불만과 정착하지 못하고 들썩거리는 변덕으로는 절제도, 충성도 불가능하다. 기드온의 300명은 열정과 용기와 절제를 겸비했다(삿7:7~8).

군사의 넷째 자질은 리더십에 대한 추종이다. 최종적으로 선발된 300명이 기드온을 추종했다(삿7:19). 그 이유가 무엇인가. 그에게 소명이 있었기 때문이다. "여호와의 사자가 기드온에게 나타나 이르되 큰 용사여, 여호와께서 너와 함께 계시도다(삿6:12)." 또한 그에게 사명도 있었다. "여호와께서 그를 돌아보아 가라사대 너는 이 네 힘을 의지하고 가서 이스라엘을 미디안의 손에서 구원하라. 내가 너를 보낸 것이 아니냐(삿6:14)." 300명이 기드온을 추종한 것은 그의 개인적인 카리스마 때문이 아니라 소명과 사명 때문이었다.

바울의 권위와 리더십도 소명과 사명에서 나왔다. "사람들에게서 난 것도 아니요, 사람으로 말미암은 것도 아니요, 오직 예수 그리스도와 및 죽은 자 가운데서 그리스도를 살리신 하나님 아버지로 말미암아 사도된 바울은(갈1:1)." 기드온의 전쟁은 개인적인 영웅심리의 표출이 아니었다. 하나님의 사명을 수행하는 것이었다. 그렇기 때문에 300명은 그의 리더십을 추종해야 했다. "나와 나를 좇는 자가 다 나팔을 불거든 너희도 그 진 사면에서 또한 나팔을 불며 이르기를 여호와를 위하라, 기드온을 위하라 하라 하니라(삿7:18)." 몸을 사리는 사람은 주님의 군사가 될 수 없다. 나팔을 불면 열정적으로 나서야 한다. 그러나 용기가 없는 열정은 물거품과도 같다. 두려워하지 않는 용기가 있어야 한다.

그리고 절제가 뒷받침돼야 한다.

마지막으로 필요한 자질은 리더십에 대한 추종이다. 자신의 스타일을 고집하는 사람은 군사가 될 수 없다. 자신의 스타일을 버리고 주군의 스타일에 맞출수록 군사답다. 자신의 스타일을 십자가에 못 박을 때, 주님의 온전한 군사가 된다.

"주님, 주님의 군사로 단련시키소서."

800년 전 칭기즈칸은 20만 명의 군사로 3억 명의 인구를 정복했고 150년간 그렇게 유지했다. 세계정복이라는 비전을 공유하고 아주 날렵하게 달렸기 때문이다. 원대한 비전을 공유하고 강한 결속력으로 빠르게 움직이면 지역과 국가 그리고 세계를 정복할 수 있다.

칭기즈칸이 아주 날렵한 20만 명의 무력으로 3억 명을 정복했다면, 주님의 12제자는 복음으로 예루살렘과 온 유대와 사마리아를 정복하고 마침내 로마제국을 정복하기 시작했다. 그 12제자의 사명이 곧 우리의 사명이다. "그러므로 너희는 가서 모든 족속으로 제자를 삼아…(마28:19)." 세계를 복음화하라는 것이다.

교회마다 이 위대한 사명을 공유하고 단단한 팀워크로 민첩하게 움직일 때 세계 복음화가 이루어질 것이다. 목회자만 움직이는 교회는 결국 도태되고 만다. 세계 복음화라는 위대한 사명을 공유하고 단단한 팀워크를 이루어 민첩하게 움직이는 평신도 사역자들이 많을 때, 교회는 바르고 빠르게 성장할 것이다.

축구선수 홍명보는 리베로(libero)다. 리베로는 최종수비수이지만 공격에도 적극적으로 가담한다. 교회 안에서는 복음의 리베로가 많아야 한다. 자기 은사나 직분을 따라서 교회를 섬기되 다른 성도들을 말씀으로 가르치고 훈련하는 복음의 리베로가 많으면, 교회가 바르고 빠르게 성장할 수 있다. 주님이 12제자를 길러냈을 때, 그들은 예루살렘에서 동심원을 그리며 로마제국까지 질주하는 복음의 리베로로 활약할 수 있었다. 복음의 리베로는 누가 시켜서 움직이는 게 아니라 자율적으로 움직인다. 누구를 따라서 움직이는 게 아니라 주도적으로 움직인다. 복음의 리베로가 가는 곳에 구원과 양육 그리고 재생산이 일어난다. 복음의 리베로가 많은 교회는 초특급교회가 된다.

'성공하는 기업들의 8가지 습관'이라는 역작을 저술한 짐 콜린스는 그 후속타, '우량에서 초우량으로(Good to Great)'라는 책에서 초우량기업의 특성을 밝힌 바 있다. 그는 미국의 경제전문지 '포천(Fortune)'이 선정한 500대 기업 중에서 애벗, 피트니바우스, 서킷시티, 월그린, 웰스파고와 같은 11개 초우량기업을 추렸다. 이들 초우량기업은 15년 간 주식시장 평균치의 7배가 넘는 누적수익률을 달성했다. 그가 꼽은 초우량기업들은 GE, 인텔, 3M과 같은 유명기업들보다도 더 높은 성과를 지속적으로 기록했다.[38] GE는 1985년부터 2000년 사이에 주식시장 평균치보다 2.8배가 높은 수익을 냈을 뿐이다.

그가 무려 10년간에 걸쳐 찾아낸 초우량기업들은 직원들의 자발성이 높았다. 초우량기업들의 CEO는 대단한 카리스마나 리더십이나 전략을 갖고 있지 않았다. 오히려 겸손하고 부끄러움을 많이 탔다. 단지 그들은 적절한 사람들을 고용하고 그들과 함께 어디로 갈 것인지, 어

---

[38] 이윤철, "좋은 기업을 넘어…위대한 기업으로" 한국경제신문(2002. 7. 13) 25면 참조.

떤 전략을 선택할 것인지, 어떻게 실행할 것인지를 결정했다. 적절한 사람들은 윗사람의 지시를 따르는 게 아니라 스스로 동기를 부여하고 자발적으로 움직인다. 그렇기 때문에 동기부여 등을 위한 각종 프로그램, 위계적인 조직, 감시기구가 필요 없게 되었다. 그래서 시간과 비용을 절감하면서 세계최고가 될 수 있는 분야에 집중하게 된다. 그 결과, 초우량기업으로 성장하게 되는 것이다.[39]

교회도 마찬가지가 아닐까? 목회자와 어깨를 나란히 하면서 자발적으로 헌신하고 주도적으로 움직이는 평신도 사역자들, 그러니까 복음의 리베로들이 있으면 교회는 침체되지 않고 역동성을 갖게 될 것이다. 칭기즈칸의 20만 명이 3억 명의 인구를 정복한 것을 훨씬 넘어, 주님의 리베로들이 이 세대 안에 세계를 복음으로 정복해야 하겠다.

---

[39] 오이겐 뢰플러, "초우량기업은 뭔가 다르다" 한국경제신문(2004. 10. 13) A11면 참조.

날개를 접고 골짜기로 내려가라

우리나라 통계청의 '2005 인구주택 총조사'에 따르면 2005년 11월 1일 현재 우리나라의 개신교 교인수는 10년 전에 비해 14만 4,000명 감소한 876만 6,000명에 그쳤다. 같은 기간 중 천주교는 219만 5,000명이 증가한 514만 6,000명에 달했다. 천주교 교세에 반해 '개신교 교세가 줄었으니 분발해야 한다'는 정도로 문제의 심각성을 호도해서는 안된다.

14만 4,000명이 감소했다는 것은 지난 10년간 '6만 교회, 1,200만 성도'를 자랑하던 개신교계의 교만에 대한 주님의 조크요, 경고로 해석된다. "내가 인 맞은 자의 수를 들으니 이스라엘 자손의 각 지파 중에서 인 맞은 자들이 십사만 사천이니(계7:4)." 14만 4,000명은 이스라엘 12지파에다 1만 2,000명을 곱한 수 즉 12 x 12 x 1,000이다. 그러니까 완전수 12를 두번 곱한 데다 충만 수 10을 세번 곱한 수치다.

일부 이단들이 주장하는 것처럼 액면 그대로의 14만 4,000명이 아님은 분명하다. 종국에 주님의 구원을 받게 될 성도수는 '완전하고 완전하며, 충만하고 충만하고 충만하다'는 상징성이 있다. 그런데 개신교 교인수가 그렇게 줄었다는 것은 조크요, 경고가 아닌가. 실제로는 14만 4,000명이 줄었지만 주님의 조크 또는 경고에 담긴 상징성은 완전하고 충만하게 줄었다는 것이기도 하겠다. '6만 교회, 1,200만 성도, 선교 대국'을 앞세우면서 외양을 과시하던 우리나라 개신교계를 향하신 주님의 경고성 조크를 듣는 듯하다.

주님이 우리나라에 세 번째 경고를 보내시는가 보다. 첫째는 1997년 IMF 관리체제하의 경제위기요, 둘째는 2002년 북한 핵위협으로 인한 안보위기요, 셋째는 2005년까지 10년 만에 교인수가 14만 4,000명 감소한 교회위기다. 갈수록 경고의 강도가 커지는 양상이다.

더구나 교회위기는 주님의 마지막 경고처럼 보인다. 왜 이 지경이 됐을까. 십자가 정신이 상실됐기 때문이다. 무엇이 십자가 정신인가. 아래로 내려가는 하방운동이다. 주님은 땅으로, 변두리로, 가난한 사람들에게로 심지어 십자가로 내려가셨다. 주님의 하방운동으로 가난한 사람들이 자유를 얻고(눅4:18~19) 복음을 맛보았다(눅7:22). 주님을 따를 사도들도 하방운동을 벌였다. 사도 바울은 환난과 결박이 기다리는 아래로의 운동을 멈추지 않았다(행20:22~24). 이런 하방운동, 곧 십자가 정신이 로마제국이라는 가루 서 말을 격동시키는 누룩 한 알로 작동했다.

요즘 우리나라는 어떤가. 온통 상방운동이다. 세상 사람들보다 교회가, 목회자가, 교인이 더 그런 것 같다. 주님은 땅으로, 변두리로, 가난한 사람들에게로, 십자가로 하방운동을 하셨는데 주님의 종들과 백성들은 좀 더 나은 곳이라면 염치불문하고 상방운동을 벌이지 않는가. 묵묵히 밑바닥의 현장에서 피땀을 흘려 가꾸려 하지 않는다.

이해하기 어려운 세가지가 있다. 첫째로 세상 사람들은 할인마트들의 버스운행도 완전히 중단하였는데 왜 아직도 일부 대형교회들은 도시의 경계를 넘어서까지 버스운행을 계속하는 것일까. 남다른 축복을 받아 대형교회가 됐으니 자랑스럽고 당연한 것이기 때문일까.

둘째로 세상 사람들은 A, B, C급 근무지역으로 나눠 공무원이나 군인을 순환시키는데, 왜 목회자들은 한 번 지역이 정해지면 순환이 불가능할까. 목회능력의 차이에 따른 주님의 주권적인 섭리이기에 당연한 것인가. 섬마을 목회자는 오직 주님께 자녀교육을 맡긴 채, 평생 섬마을을 떠나지 않아야 하는가.

셋째로 세상 사람들은 독거노인이나 소년소녀 가장을 챙기는 사회안전망을 가동시키는데, 왜 개신교계는 생계조차 불가능한 개척교회 목회자 가정을 돌아보는 교회안전망을 만들지 않는 것일까. 주님이 다 알아서 일꾼을 책임지실 테니 주위에서는 전혀 걱정할 필요가 없단 말인가. 세상 사람들은 법제정이나 사회안전망 가동을 통해 사회정의를 실현하는 것 같고, 개신교계는 '전부 아니면 전무'의 게임을 벌이는 것 같다. 이러면서 어찌 교회가 사회더러 "똑바로 하라"고 외치겠는가. 십자가 정신이 있어야 그렇게 외칠 수 있는 것이다.

이제 십자가 정신이 사라진 교회를 향해 사회가 그렇게 충고하는 역전이 일어나고 있다. "다른 대형교회들이 세습 등의 문제를 야기하는 틈에 우리교회는 청렴해서 교인수가 3배나 늘었다"며 반사이익을 즐기는 귀족교회들이 있는 한, 개신교계의 미래는 없어 보인다. 가장자리가 불타고 있는데 중앙에 있다고 자만하는 것과 마찬가지다. 외국의 유명 목회자를 초빙해 대형집회를 열고 남북한 공동 집회를 개최하고 교단마다 '리바이벌 1907'을 외친다고 해서 개신교계의 부흥이 오지는 않는다. 핵심은 자신의 몸까지도 찢어서 나누는 십자가 정신의 회복이다. 이것이 없는 이벤트는 소리만 요란한 꽹과리에 불과하다.

부흥기에는 숫자를 늘리고 덩치를 키우고 입술로 외치는 외양과시 전략이 먹혔다. 70~80년대의 경제성장기에는 기업경영도, 교회목회도 그렇게 했다. 그러나 안타깝지만 부흥기는 끝났다. 교회사의 대가 중 한 분은 '리바이벌 1907'과 같은 교회부흥은 이제 없다고 잘라 말한다. 외양과시 전략의 필연적인 결과다.

지금은 저성장기 내지 침체기다. 전략이 달라야 한다. 숫자나 덩치나 외침이 아니라 조용한 잠행이나 죽은듯한 잠복이 필요한 시기다. '리바이벌 1907'을 꿈꿀 수는 있겠지만 과시형 이벤트로 다시 대중을 모으거나 감동을 주겠다는 것은 시대착오적인 생각이다. 거룩한 기도나 아름다운 회개일지라도 이벤트성 집회가 되는 순간, 자기과시 내지 자기만족의 죄 아래 있게 된다. '드러냄·나타냄'이 아니라 '잠행·잠복'이어야 한다. 독수리처럼 날아오르는 게 아니라 두더지처럼 숨어들어야 한다. 위에서 군림하지 말고 밑에서 섬겨야 한다. 위에 드러난 꽃가마가 아름다운 것은 밑에 숨은 가마꾼들이 있기 때문이다. 개국의 위업을 부르짖지 않으시고 한 알의 밀로 땅속에 잠행하신 주님을 생각하자. "내가 진실로 진실로 너희에게 이르노니 한 알의 밀이 땅에 떨어져 죽지 아니하면 한 알 그대로 있고 죽으면 많은 열매를 맺느니라(요 12:24)." 가루 서 말 위에 군림하지 않고 그 밑바닥으로 잠복하는 누룩의 영성을 배우자. "또 비유로 말씀하시되 천국은 마치 여자가 가루 서 말 속에 갖다 넣어 전부 부풀게 한 누룩과 같으니라(마13:33)." 누룩처럼 조용히 밑바닥 현장을 파고들어야 하겠다.

지금은 꼭대기를 향해 날개를 퍼덕이는 이벤트를 벌일 때가 아니다. 조용히 날개를 꺾고 골짜기로 들어가 가난한 사람들과 더불어 고민하고 신음하고 애통해야 한다. 할 수만 있다면 주님처럼 살점을 찢어 나눠야 한다. 십자가 정신의 절정은 자신의 몸을 찢어 나누는 것이다. 대형교회 목회자들이 일종의 암묵적인 카르텔(공동행위 또는 독점이윤)을 짜면서 더 큰 날개를 퍼덕이는 한, 목회자들이나 성도들 모두 꼭대기를 추구하는 한, 사회는 교회더러 "똑바로 하라"며 계속 짓밟을 것이다. 십자가 정신이 없는 소금은 이미 소금이 아니기 때문이다(마5:13).

다들 박수갈채를 뒤로 하고 날개를 접고 골짜기로 내려가야 한다. 거기서 가난한 사람들과 함께 뒹굴며 고민하며 신음하며 애통해야 한다. 가진 것을 다 나눴으면 이제 주님처럼 살과 피를 나눠야 한다. 부자동네의 울타리를 벗어나지 않는 나눔은 결코 나눔이 아니다. 꼭대기를 쳐서 골짜기를 메우는 것, 이것이 주님의 나눔이다. 꼭대기로 올라가지 말고 골짜기로 내려가라. 중심부로 향하지 말고 변두리로 나아가라. 강남이나 미국으로 가지 말고 지금 있는 자리에서 땀과 눈물과 피를 흘려라. 거기서 한 알의 밀로 썩고 죽어라.

강남이 좋다고 누구나 그곳으로 가야 한다면 우리나라는 '강남민국'이어야 할 것이다. 미국이 좋다고 누구나 그곳으로 가야 한다면 우리나라는 '미국의 한 주'여야 할 것이다. 낮아져 섬기시고 발을 닦아주시고 죽기까지 하신 주님의 희생은 한 번으로 충분하다. 이제 영광은 주님만 받으시게 하라. 낮아짐과 고난은 우리 차례다. "내가 이제 너희를 위하여 받는 괴로움을 기뻐하고 그리스도의 남은 고난을 그의 몸된 교회를 위하여 내 육체에 채우노라(골1:24)." 죽은 듯이 잠복하는 것, 이것이 시대정신이다.

큰 목회자들이여, 작은 목회자들이여, 크고 작은 성도들이여, 날개를 접고 골짜기로 잠복하라. 대형교회들이여, 소형교회들이여, 몸을 찢어 나눠라. 스스로 속이지 말아야 한다. 진정한 회개는 몸을 찢어 나누는 것이다. 거기에 '리바이벌 1907'의 해답이 있다. 십자가 정신을 철저히 오래 묵상하라. 그리고 그것을 곧장 실행하라.

예수한국의 비결

1997년 교수가 되는 길을 포기한 고전문학박사, 고미숙 씨는 보증금 2천만 원에 월세 40만 원짜리의 개인공부방을 서울 수유리에 열었다. 학위, 교수직, 먹고 사는 것에 더 이상 연연하지 않기로 마음먹고 나니 다시 시작할 수 있다는 용기가 생겼다.

"먹고 사는 거야 어떻게 되겠지. 용기를 잃지 말자. 어디에나 출구는 있다. 처음부터 다시 시작하자. 공부라도 제대로 즐겁게 하자."

그녀의 '수유연구실'에 고전문학 비평을 들으려는 사람들이 하나씩, 둘씩 찾아들었다. 앎과 삶을 하나로 묶는 지식인 공동체를 만드는 것이 그녀의 꿈으로 자랐다. 2년 후 서울사회과학연구소(서사연) 회원들이 만든 '연구공간 너머'가 합류하면서 대학로 뒷길로 옮겨갔다. 6년이 지나자 그녀의 수유연구실은 국문학에서부터 역사, 철학, 수학, 산업디자인, 영화, 불교에 이르는 온갖 학문들이 자리를 잡았다. 거기에

다 좌파성향이 밑바닥에 깔려 있는 것으로 의심되는 핵심강사들로부터 각양각색의 전공자, 회사원, 주부, 대학생, 수험생에 이르는 온갖 출신이 제도 밖의 대안 학문공동체 '수유+너머'를 만들어 냈다.

2005년 현재 이 공동체는 종묘공원 뒤, 원남동에서 3층 건물을 통째로 사용하고 있다. 월세와 상근자 인건비를 합치면 매월 1천만 원이 넘는 경비가 소요된다고 한다. 다양한 강좌와 세미나가 진행되는가 하면, 같이 영화를 보고 탁구를 치고 탁구대에서 밥을 먹기도 한다. 제기도 차고 산책도 한다. 앎과 삶의 화학작용이 일어나는 현장이다.

제도권에 편입되기를 포기하고 공부라도 제대로 즐겁게 하자던 고전문학박사의 꿈이 이렇게 특이한 지식인공동체로 발전하고 있다. 그러나 저들에게는 하나님이 없다. 잠재적인 반기독교 세력이기도 하다. 좌파성향, 불교색채와 다양한 잡학으로 포스트 386세대(35~45세)의 마음을 이미 잠식하고 있다. 그들의 파괴력은 해를 거듭할수록 커질 전망이다. 그들이 학문공동체로서의 세력을 불리며 고급 지식상품들을 양산해내는 만큼, 우리나라 기독교는 수세에 몰릴 것이다. 이미 기독교신앙이 유치하다며 그들의 공동체로 전향한 사람들도 있다. 그들이 마구 쏟아내는 지식상품을 소비하려는 사람들도 점증하고 있다.

이 사례를 주시하면서 우리 기독교 신앙인들은 각성해야 한다. 오랫동안 교회 안의 숫자적인 성장에 안주하다가 개신교계는 대학교도, 문화영역도 좌파성향의 운동권에 내어주고 만 것 같다. 이제 우리가 반격할 차례다. 기도와 말씀, 지식생산과 실천을 내용으로 하는 기독교 지식인공동체를 출현시켜야 한다. 그것은 단순한 기독교 지식상품의 생산을 넘어 주님을 위해 목숨을 던질 수 있는 핵심인재(Core)의 양성을 목표로 하는 'Core Mission'이어야 할 것이다. 들뜨지 않고 묵묵히 누룩 한 알처럼 밑바닥을 격동시키는 핵심인재는 꼭대기에서 나부끼는 깃발이 아니라 지하에서 암약하는 공작원과도 같다.

1964년 통킹만 사건으로 베트남전쟁이 벌어졌을 때, 미국은 천문학적인 화력을 퍼부으면서 6개월 안에 끝내겠다고 호언장담했었다. 그러나 1975년 미국은 두 손을 들고 말았다. 북베트남의 승리는 남베트남의 공산당 게릴라, 베트콩의 땅굴작전에 큰 힘을 얻었다.

베트콩, 그러니까 남베트남 민족해방전선이 가진 무기라고는 낡은 소총과 죽창이 전부였다. 그렇지만 밤만 되만 최신식 미국군을 혼비백산하게 만들었다. 베트콩이 파놓은 250킬로미터의 지하땅굴때문이다. 거미줄처럼 사방팔방으로 얽힌 땅굴입구의 넓이는 작은 체구의 베트콩만이 들어갈 수 있도록 40센티미터 이내였고, 통로의 폭도 70센티미터 안팎에 불과했다. 깊이는 3층으로 분화돼 10미터 이내였는데 최고 30미터짜리도 있었다. 수백 개의 땅굴입구는 자연스럽게 위장돼 있었다.

설령 발각된다 해도 덩치가 큰 미국군은 접근부터 어려웠다. 왜소한 미국군 특수요원들이 침투해도 그들을 기다리는 것은 가짜 통로, 죽창, 쇠창살, 지뢰, 함정, 죽음뿐이었다. 1967년 땅굴입구를 발견한 후 미국군은 불도저로 갈아엎거나 기름을 붓고 불을 질렀다. 그러나 땅굴 곳곳에 설치된 우물이 기름을 흡수했기에 아무 소용이 없었다. 울창한 나뭇잎을 말려 죽이려고 대량의 고엽제를 살포하고 하루 80톤의 무차별 융단폭격을 가했지만 베트콩을 완전히 소탕할 수는 없었다. 많아야 17,000명에 불과한 베트콩이 길게는 13년을 지하땅굴에서 버티면서 지상의 미국군 사령부를 괴롭혔던 것이다. 막강한 군사력에도 불구하고 미국이 베트남전쟁에서 패배한 것은 베트콩의 땅굴작전 때문이었다고 해도 과언이 아니다. 지상에서 폭죽을 터뜨리는 크리스천 놀이꾼이 아니라 지하땅굴에서 암약하는 크리스천 공작원을 만들어내야 한다.

수유+너머는 하나님을 믿지 않고, 기도하지 않고, 성경이 없이도 '해내겠다'는 집념 하나로 밑바닥 현장에서 자발적인 지식인공동체를 일구었다. 그런데 하나님을 믿고 기도하고 성경을 가지고 있는 우리가 왜 못 해낸단 말인가. 주님 안에서 반드시 해낼 수 있고 주님을 위해 당연히 해내야 한다. 그러기 위해서는 차분하게 장기적인 안목으로 차세대를 잡아나가야 하겠다. 전능하신 하나님을 믿고 꾸준히 기도하면서 차세대의 가슴에 말씀의 불을 붙이면 된다. 지난 날 좌파 운동권이 그랬듯이 우리도 최소한 20년 단위로 성경말씀을 가르치고 배우고 실천하는 기독교 지식인공동체를 만들자.

윌리엄 클라크(1826~1886)는 미국의 매사추세츠 주립 농과대학 학장으로 있다가 선교열정으로 가득 찬 채 1876년 일본 삿포로 농업학교의 초대 교무주임으로 1년간 초빙됐다. 그가 일본에 처음 도착했을 때, 일본 장학관이 그의 커다란 꾸러미를 보고 무엇인지 물었다. 그가 성경이라고 대답하자 장학관은 '성경을 가르칠 수 없다'고 말했다. 그러자 그는 주저 없이 돌아가겠다고 하였다. 그의 단호한 태도에 당황

한 장학관은 수업 이후 가르칠 수 있도록 허락했다. 그는 1기 관비생 15명에게 농업기술을 전수하는 한편 성경도 가르쳤다. 1년 만에 학생 전원을 기독교인으로 만들었다. 그는 임기를 마치고 고별사를 하면서 유명한 말을 남겼다. "Boys, be ambitious."이 말은 지금도 삿포로 농과대학 교정에 있는 그의 동상에 새겨져 있다.

그는 떠났지만 2기 관비생으로 들어온 우찌무라 간조(1861~1930)는 1기 선배들의 영향으로 기독교에 입문하게 됐다. 덕분에 그는 일본의 수많은 잡신들을 섬기는 토속신앙으로부터 해방될 수 있었다. 졸업 후 미국의 매사추세츠 주로 건너가 1887년 애머스트대학(Amherst College)에서 이학사 학위를 받았다. 그리고 코네티컷 주의 하트포드 신학교(Hartford Seminary)에 입학하지만 건강 때문에 4개월 만에 도중하차하고 이듬해 일본선교의 꿈을 안고 귀국했다.

하지만 도쿄 제일고등중학교 교사로 제직하던 중 천황이 서명한 교육칙령을 읽는 학교행사에서 머리를 깊이 숙이지 않아 불경스럽다는 이유로 면직되고 말았다. 그 후 자신의 6평짜리 다다미방에서 성경연구회를 조직하고 청년들을 모아 성경을 가르치는 데 전념했다. 외부강의나 일을 부탁해도 성경연구와 가르침에만 시간을 쓰려고 했다. 그는 일제 군국주의 아래에서도 성경중심, 십자가중심으로 복음의 순결을 지키고자 애썼다.

일제 군국주의에 대해 일본 국민들이 환호할 때, 일본이 침략전쟁을 포기하지 않으면 하나님이 불벼락을 치실 것이라며 비판했다. 매국노라고 손가락질을 당했지만 '성경이 아니라고 하면 아닌 것'이라고 외쳤다. 천황에게 절하는 것도 우상숭배라며 단호히 배격했다. 그의 꿈은 성경대로 사는, 위대한 평민을 키우는 것이었다. 그가 수십 년간 가르쳤던 6평짜리 다다미방에서 야나이하라 다다오와 같은 3명의 도쿄대총장, 오호히라 일본수상 등 지도급 인사들이 배출됨으로써 1차 대전 후 일본이 근대화의 틀을 마련할 수 있었다.

그는 평생 두 J, 그러니까 'Jesus'와 'Japan'을 하나로 묶고자 했다. 그의 생각은 직계 제자인 김교신, 송두용, 함석헌은 물론 유영모, 안창호에게로 이어져 조선의 기독교 민족주의로 표현됐다. 로마서를 강의할 때마다 먼저 나와 앞줄에 앉아 있던 김교신에게 했다는 말이다.

"이렇게 충실한 조선의 성경학도가 있다니 놀라울 따름이다. 이런 젊은이들 때문에 조선에 기독교가 꽃필 날이 반드시 있을 것이다."

그의 문하에서 함께 배웠던 김교신, 송두용, 함석헌은 귀국 후 성서조선이라는 월간지를 발간해 조선의 기독교 민족주의를 이끌었다. 교사 면직 이후 거의 40년간, 70세의 일기로 세상을 떠날 때까지 그는 기존 교회, 기존 신학의 화석화된 틀을 깨고 오직 성경연구 중심의 가르침에만 매달렸다.

그는 근대 일본의 초석을 다진 평신도 성경신학자로 평가되고 있다. 더불어 가가와 도요히코(1888~1960)와 함께 그를 가장 자랑스러운 일본 기독교인으로 추앙하고 있다. 가가와 도요히코는 평생 빈민 구제운동, 노동운동에 힘썼던 기독교 사회운동가였다. 일본 사회당의 복지제도에 기초를 놓았다고 해도 과언이 아니다. 그러나 많은 시간이 흐른 후, 그의 사회활동은 기념관만 하나 남긴 채 다 사라졌다.

그에 반해 우찌무라 간조가 말씀의 가르침으로 길러낸 청년들은 후일 각계각층의 지도자로 활약하면서 근대 일본을 만들어 나갔다. 마치

말년의 바울이 자신의 셋집에서 말씀의 가르침에 집중함으로써 로마 황실을 기독교로 개종시키는 누룩이 되었듯이, 그가 6평짜리 다다미 방에서 가르친 말씀의 불이 패전국 일본을 새롭게 탈바꿈시킨 것이다.

바울이 가는 곳에서는 귀신이 쫓겨나고 질병이 떠나가는 파문이 일었다. 그러나 로마의 종착지에서 그가 차분하게 집착한 것은 축사도 아니요, 치유도 아니요, 오직 가르침이었다. "바울이 온 이태를 자기 셋집에 유하며 자기에게 오는 사람을 다 영접하고 담대히 하나님 나라를 전파하며 주 예수 그리스도께 관한 것을 가르치되 금하는 사람이 없었더라(행28:30~31)." 말씀을 가르칠 때, 불이 자신과 개인의 가슴을 사르고 민족의 혼을 사른다. 가르침의 불은 가장 깊게, 멀리 번진다.

모세오경을 히브리어로 '토라'라고 하는데 '토라'는 곧 가르침이다. 말씀을 가르치는 것이 계속되는 한, 개인의 가슴과 민족의 혼은 활활 타오를 것이다. 후대의 손에 재산을 남겨주는 것은 수십 년을 넘기지 못하지만, 후대의 가슴에 불을 붙이는 가르침은 천 년을 이어간다. 조국의 장래를 책임질 차세대의 가슴에 하나님의 말씀을 불붙이는 가르침보다 더 급하고 중요한 것이 어디 있을까. 차세대의 가슴에 말씀의 불을 붙이는 사람이 조국의 장래를 책임질 사람이다. "네게서 날 자들이 오래 황폐된 곳들을 다시 세울 것이며 너는 역대의 파괴된 기초를 쌓으리니 너를 일컬어 무너진 데를 수보하는 자라 할 것이며 길을 수축하여 거할 곳이 되게 하는 자라 하리라(사58:12)." 국민들의 가슴에 말씀을 불붙이는 사람이 조국의 재건축자요, 신건축자다.

사무엘은 사사요, 제사장이요, 선지자였다. 그는 하나님의 영에 이끌려 억압자들로부터 백성들을 해방시키는(삼상7:5~14) 대사사였을 뿐만 아니라, 12지파의 재판관 직무를 수행하는(삼7:15~16) 소사사이기도 했다. 또한 라마의 자기 집에서 제단을 쌓고 제사장 직임도 보았다(삼상7:17). 그러나 그가 인생의 후반부에 더욱 힘쓴 일은 라마의 선지학교라고 할 수 있는 '라마 나욧'에서(삼상19:18~20) 젊은이들을 모아 놓고 기도와 말씀을 가르친 것이다. 그가 하나님의 영에 사로잡혀 해방전쟁을 승리로 이끌고 12지파를 재판하며 제사장의 직무를 수행한 것보다 더 대단한 것이 있다면, 그것은 바로 라마 선지학교에서 기도와 말씀으로 젊은이들을 가르친 것이다. 말씀을 가르치는 불은 가슴에서 가슴으로, 세대에서 세대로 이어져 천 년을 넘어간다. 사무엘이 라마 선지학교에서 젊은이들의 가슴에 가르침의 불을 던짐으로써, 천 년의 이스라엘 정신사를 주도하는 예언운동의 밑바탕이 될 수 있었다.[40]

주님은 불을 던지러 이 세상에 오셨다. "내가 불을 땅에 던지러 왔노니 이 불이 이미 붙었으면 내가 무엇을 원하리요(눅12:49)." 그 불은 말씀의 가르침이다. 말씀의 가르침이 있는 곳에 주님의 불이 있다. 불은 사람을 바꾸고 세상을 바꾼다.

미국 아이오와 주의 작은 마을, 웨스트 브로치의 한 교회학교 선생님이 길거리에서 놀고 있는 소년 4명을 전도해 말씀을 가르쳤다. 소년들의 가슴은 말씀의 가르침으로 불타올랐고 그렇게 성장하여 마을을 떠났다. 많은 시간이 흘러 그 선생님이 은퇴하던 날, 4통의 편지가 답지했다.

---

40) 김진홍, 「성서한국 통일한국 선교한국」 160면 참조.

첫째 편지는 중국선교사로부터, 둘째 편지는 미국 연방은행 총재로부터, 셋째 편지는 대통령 비서실장으로부터 온 것이었다. 그리고 넷째 편지에는 이런 글이 적혀 있었다. "선생님이 그 때, 저희에게 가르쳐 주신 하나님의 말씀을 통해 역경을 극복하고 있습니다. 감사합니다." 미국의 31대 대통령, 후버가 보낸 감사의 글이었다. 차세대의 가슴을 선점해야 한다. 이 세상문화의 타락한 불이 선점하기 전에 하늘문화의 신령한 불로 선점해야 한다. 말씀의 불이 그들의 가슴을 점령하면 그들이 변화될 것이며 변화된 그들은 세상을 변화시킬 것이다.

일본인들이 많이 기르는 관상어 중에 '코이'라는 잉어가 있다. 이 코이를 어항에 넣어두면 8센티미터를 넘지 않는다. 하지만 큰 수족관에 넣어두면 25센티미터로 자란다. 강물에 방류하면 120센티미터까지 큰다. 어떤 차원을 열어 주느냐가 이처럼 중요한 것이다. 차세대에게 하늘의 차원을 열어 주어야 한다. 무엇이 하늘의 차원인가. 말씀이다. 들은 만큼 변화되고 본 만큼 변화된다. 말씀은 하늘의 언어요, 하늘의 그림이다. 말씀의 가르침으로 하늘의 언어를 들려주고 하늘의 그림을 보여주면, 하늘 수준으로 변하고 하늘 수준으로 일하게 된다.

경상북도 영주시 평은면 천본2리에 내매골이라는 농촌마을이 있다. 열 여덟가구가 전부인 이 마을에 강재원이라는 분이 '내매교회'를 시작했는데 그 결과가 엄청나다. 교단 총회장, 숭실대 총장, 새문안교회 담임을 역임한 강신명 목사님이 이곳을 나왔다. 뿐만 아니라 계명대학교를 설립한 강인구 목사님을 비롯한 30명의 목사와 박사와 강진구 전 삼성전자 회장을 비롯한 10명의 기업인이 배출됐다. 옛날에 김익두

목사님이 부흥회를 인도할 때마다 "교회를 보려거든 내매교회를 보라"고 권할 만큼 걸출한 기독교인을 길러내는 곳으로 유명했다. 3대에 걸쳐 내매교회를 지켜오고 있는 강록구 장로님의 말이다.

"우리 마을의 자랑이라면 교인들이 어릴 때부터 말씀 안에서 성장해 세상에 나가서도 믿음을 저버리지 않고, 사회에 봉사하는 인물들이 된 것입니다. 내매교회가 우리 모두를 가르친 어머니였기 때문에 그럴 수 있었습니다."

차세대의 가슴에 말씀의 불을 붙여 주면 저들이 믿음의 애국자가 되고 믿음의 세계인이 될 것이다.

전라남도 신안군 섬마을에 문준경(1891~1950)이라는 전도사님이 있었다. 그녀는 호남갑부 문재철의 아들과 결혼했으나 아이를 낳지 못해서 쫓겨났다. 그녀는 자신의 신세를 한탄하며 자살을 하려다가 예수님을 믿게 됐다. 성결교단의 부흥사, 이성봉 목사님 밑에서 신앙훈련을 받은 후 서울의 '경성성서학원'에서 공부도 했다. 그렇게 신안군으로 돌아가서는 섬들을 돌면서 아이들에게 말씀을 가르쳤다. 섬들을 돌면서 열정적으로 전도하다 보니 1년에 고무신을 9켤레나 바꿔야 했다.

그녀는 '증도교회' 등 교회 10여개를 세웠고 모진 고문을 이겨내며 일제의 신사참배 유혹을 뿌리쳤다. 하지만 1950년 10월 5일 공산당원들의 몰매를 맞은 후 총살당했다. 참으로 박복한 인생인 것 같았지만 그녀가 평생 성경말씀을 가르쳤던 아이들 중에는 '중앙성결교회' 담임이었던 이만신 목사님, CCC총재였던 김준곤 목사님, 한신대 상담학 교수인 정태기 목사님을 비롯한 30명의 목회자들이 들어 있었다.

들은 만큼 변하고 본 만큼 변한다. 말씀의 불이 들어가면 하나님의 수준에서 변한다. 말씀이 하나님의 언어요, 하나님의 그림이기 때문이다. 말씀을 가르치면 차세대가 부흥하고 차세대가 부흥하면 우리나라가 부흥한다. 말씀한국이 예수한국이요, 창조한국이요, 부흥한국이다. 말씀의 가르침으로 차세대의 가슴에 불을 던질 때, 조국의 장래는 점점 빛나서 정오의 태양이 될 것이다. "…네 하나님 여호와께서 너를 세계 모든 민족 위에 뛰어나게 하실 것이라(신28:1)."

라마에 있었던 사무엘 선지자의 말씀공동체, 로마의 셋집에 있었던 바울 사도의 말씀공동체, 6평짜리 다다미방에 있었던 우찌무라 간조의 말씀공동체, 섬마을에 있었던 문준경 전도사님의 말씀공동체를 닮은 21세기형 말씀공동체가 전국 방방곡곡에서 출몰해야 할 것이다.

좋고 나쁨을 떠나서 세계사를 격동시킨 사건들은 작은 모임에서 출발됐다. 1921년 중국 공산당을 창립했던 11명의 지하당원들이 그랬고, 2001년 미국 쌍둥이빌딩을 폭파했던 19명의 911테러범들이 그랬다. 주님의 12제자들이 그랬고, 존 웨슬리의 홀리 클럽이 그랬다. 1927년 홀리 클럽의 회원이라고는 160센티미터의 단신이었던 존 웨슬리와 그의 동생, 찰스 웨슬리를 비롯한 4명이 고작이었다. 그러나 그들은 매주 6번씩 모여 한 책, 곧 성경의 사람이 되기로 헌신했다. 그 결과 기독교 교회사에서 가장 깊고 넓은 운동의 하나로 자리잡은 '감리교 운동'이 영국은 물론 미국을 넘어 전 세계로 확산될 수 있었던 것이다. 성경말씀을 가르치고 배우고 실행하는 말씀공동체 운동이 누룩처럼 번지면 말씀한국을 넘어 예수한국, 창조한국, 부흥한국이 실현되리라.

"말씀한국! 예수한국! 창조한국! 부흥한국!"

3

특별한 수고 없이
별다른 은혜를 기대하지 마라

폭발적으로 번식시키는 은혜

　크리스천 실업인들에게 설교하러 대전에 가서 기도하던 중, 성령님의 감동시키심이 있어 세가지를 간절히 회개했다. 첫째로 지혜를 구했던 것을 부끄러워하며 회개했다. 오래 전에 저녁마다 시간을 정해놓고 작정기도를 했었다. 그 때 성령님의 음성이 들렸다. "무엇을 줄까?" 어릴 적부터 귀에 못이 박히도록 들었던 게 지혜를 구한 솔로몬의 이야기가 아니던가. 기회를 놓칠세라 즉시 구했다.
　"지혜를 주시되 글을 쓰는 지혜를 주세요." 곧 내 손이 빙빙 돌아가는 표적이 나타났다. 희열이 넘치는 순간이었다. 그러나 지금은 부끄럽다. 지혜도 좋지만 주님 자신보다 더 좋은 게 어디 있을까. 왜 주님 자신을 구한다고 말씀드리지 못했을까. 이제 우리 아이들에게 솔로몬의 지혜나 야베스의 축복보다, 주님을 갈망하고 그리워했던 다윗의 이야기를 더 집중적으로 들려줘야 하겠다.

둘째로 개척자금을 구했던 것을 부끄러워하며 회개했다. 3년간 개척자금을 주시라고 계속 기도했었다.

"주님, 교회를 개척해야 하겠는데 제 주변에는 누구도 돈을 줄 사람이 없습니다. 주님께서 직접 5천만 원만 주세요. 그러면 교회를 하나 개척해 드리겠습니다."

예배 때나 길을 갈 때나 기도했고, 앉으나 서나 기도했다. 어느 날 성령님께서 내 마음에 말씀하셨다. "왜 안 주겠느냐?" 눈물을 펑펑 쏟으며 감사했었다. 그러나 지금은 부끄럽다. 교회 개척자금도 좋지만 주님 자신보다 더 좋은 게 어디 있을까. 주님만 구할 수는 없었을까.

셋째로 교회개척 후 성도들을 너무 챙겼던 것을 부끄러워하며 회개했다. 이런저런 처지의 성도들을 자주 심방하고 축복하며 돌봐주는 것이 주님을 사랑하는 것인 줄 알았다. 어렵고 힘들어서 도망가는 성도들을 벅차게 찾아 챙기고 사랑하다 보면 주님은 거의 뒷전이었다. 위의 주님을 향한 사역이 곁의 성도들을 향한 사역 때문에 밀려났다. 앞뒤가 바뀐 불충이었다. 어린 성도들마저 뒤에 제쳐두고 오직 주님만 바라보는 배짱은 없었던가. 주님을 구하고 즐거워하는 것보다 더 중요하고 우선적인 사역이 있었단 말인가.

주 예수님은 위대한 사역을 수행하시는 중에도 아이처럼 하나님 아버지를 구했다. 하나님 자신을 구하는 것보다 더 위대한 것이 없기 때문이다. 대가를 바라고 주님을 구하는 게 아니라 그냥 주님 자신을 구하고 사랑하고 찬양하고 기뻐하고 즐거워하자. 향유옥합을 깨뜨려 드릴 때, 자신의 마음도 깨뜨려 드렸을 마리아처럼 말이다.

우리는 두가지로 주님을 기쁘시게 해 드릴 수 있다. 첫째는 자라는 것이다. 우리의 믿음과 지혜, 인격과 행함이 자랄 때 주님의 기쁨이 된다. 열심히 공부하여 성적이 좋은 자식이 부모의 기쁨이 되듯이, 우리의 인생이 여러 모로 잘 성장하면 주님이 기뻐하신다.

둘째는 주님을 즐거워하는 것이다. 우리가 주님을 즐거워하면 주님도 우리를 즐거워하심으로 우리가 더 즐겁게 되는 선순환이 이뤄진다. 잘 되는 가게의 직원은 항상 즐겁게 웃는다. 그런 모습에 전염돼 손님들도 즐겁게 웃으면 즐거운 에너지의 선순환이 나타난다. 자연스레 가게를 찾는 손님들의 발걸음이 잦아지고 매출은 올라간다.

다윗은 하나님의 법궤 앞에서, 그러니까 하나님 앞에서 힘껏 춤을 췄다(삼하6:14). 다른 사람들을 의식하지 않고 오직 하나님만 의식하며 자신의 맨살이 드러나도록 아이처럼 뛰놀며 하나님을 즐거워했다(삼하6:20~21). 귀하고 아름답고 복되고 유능하신 하나님을 즐거워하는 것보다 더 좋은 게 어디 있을까. "의인은 기뻐하여 하나님 앞에서 뛰놀며 기뻐하고 즐거워할지어다(시68:3)."

하나님을 즐거워하면 더 즐거운 인생이 된다. 하나님께 즐거움이 있기 때문이다. "…주의 앞에는 기쁨이 충만하고 주의 우편에는 영원한 즐거움이 있나이다(시16:11)." 지금 가진 소유가 없고 보장받은 미래가 없어도 하나님 때문에 즐거워하자. "나는 여호와를 인하여 즐거워하며 나의 구원의 하나님을 인하여 기뻐하리로다(합3:18)." 하나님을 즐거워하는 것은 선택이요, 의무다. "…너희는 너희 하나님, 여호와로 인하여 기뻐하며 즐거워할지어다…(욜2:23)." 하나님 때문에 즐거워하면 힘이 생긴다. "…여호와를 기뻐하는 것이 너희의 힘이니라…(느8:10)." 하나님을 즐거워하다 보면 어느 새 소원도 이뤄져 있을 것이다. "또 여호와를 기뻐하라. 저가 네 마음의 소원을 이루어주시리로다(시37:4)." 하나님을 즐거워하자. "…네 하나님, 여호와 앞에서 즐거워하라(신27:7)." 하나님 때문에 범사를 즐거워하자. "항상 기뻐하라(살전:16)."

게으른 사람에게는 기대할 것이 없다. 어떤 분야든 지도자급은 다 부지런하다. "…다스리는 자는 부지런함으로…(롬12:8)." 민첩하게 움직이는 부지런함은 기본이다. 여기에 지혜가 더해지면 금상첨화다.

지혜는 생산성을 높여주고 위험도를 줄여준다. 부지런함에 지혜가 더해지면 맨손이라도 골짜기 인생을 탈출하게 된다. 그러나 부지런함과 지혜의 덧셈만으로는 부족하다. 은혜의 곱셈이 있어야 한다. 은혜는 죄를 이기고 부지런함을 이기고 지혜를 이긴다. 은혜가 있으면 죄가 덮이고 부지런함이 활짝 꽃피며 지혜가 풍성하게 결실한다. 우리가 사모해야 할 것은 주님과의 수직적인 관계에서 자연스레 흘러나오는 은혜다. 부지런하면서도 지혜롭게 살되 은혜를 덧입고 살아야 하겠다.

다윗은 야전에서 잔뼈가 굵은 군인이었다. 그러나 여인처럼 주님을 사랑했고(시18:1~1) 시인처럼 주님을 노래했다(시23:1~6). 왕의 체통을 구기면서 살이 드러나기까지 힘을 다 해 주님 앞에서 춤을 췄다(삼하6:14~21). 그의 최우선적인 관심사는 주님을 연애하고 주님의 마음을 훔치는 것이었다. 그 결과는 엄청났다.

"…내가 이새의 아들 다윗을 만나니 내 마음에 합한 사람이라. 내 뜻을 다 이루게 하리라…(행13:22)." 주님은 왕들을 폐하시고 왕들을 세우시는 세계경영자이시다(단2:21). 주님의 은혜를 덧입으면 주님의 세계경영에 동참하는 측근이 된다. 주님의 측근이 되는 것보다 더 나은 지위가 어디 있을까. 주님을 사랑하고 주님께 집중하고 주님의 은혜를 갈망하자.

요셉은 해와 달과 열 한 개의 별이 자기한테 절하는 대단한 꿈을 꾸고 좋아했지만, 그 후 몰아친 결과는 끔찍한 인신매매였다. 형들한테 팔려 이집트의 경호실장이라고 할 수 있는 시위대장의 집에 노예가 된 것이다. 그러나 주님은 그에게 은혜를 베푸셨고, 그래서 주인이 그것을 볼 수 있었다. "그 주인이 여호와께서 그와 함께 하심을 보며 또 여호와께서 그의 범사에 형통케 하심을 보았더라(창39:3)." 주님이 은혜를 베푸시면 남들이 그것을 보게 된다.

아브라함에게 베풀어진 주님의 은혜를 아비멜렉과 그의 군대장관 비골이 보았다(창21:22). 이삭에게 베풀어진 주님의 은혜를 아비멜렉과 그의 친구 아훗삿과 군대장관 비골이 보았다(창26:26~29). 야곱에게 베풀어진 주님의 은혜를 그의 외삼촌 라반이 보았다(창30:27). 은혜가 커지면 사람의 그릇도 커진다. 부형들은 요셉의 꿈을 해석하면서 '그가 집안에서 최고가 될 것인가' 생각했다(창37:8~10). 그러나 주님의 생각은 사람의 상상을 초월한다(사55:8~9). 주님은 그에게 독점적인 은혜를 쏟아 부어, 한 집안의 우두머리가 아니라 이집트제국의 국무총리가 되게 하셨다.

주님의 은혜덕분에 그는 이집트제국 경호실장의 집에 노예로 팔릴 수 있었다. 주님의 은혜로 이집트제국의 왕실감옥에 갇힐 수 있었다. 주님의 은혜로 감옥에서 만난 사람이 이집트제국의 비서실장이라고 할 수 있는 술 관원장이었다. 마침내 그는 비서실장을 통해 이집트제국의 왕 바로 앞에 서게 됐고(창41:9), 바로의 꿈을 해석해 줌으로써 한순간에 이집트제국의 국무총리로 발탁됐던 것이다. 은혜가 있으면 넘어져도 왕 앞에서 넘어진다. 갈대상자 안에 든 모세에게 주님의 은혜가 내리자 바로의 공주가 모세를 건져다 키우지 않았던가(출2:10).

은혜가 내리면 한없이 추락하는 죄인도 끝내 위대한 승리자가 된다. 야곱의 장자 르우벤은 서모를 범했고, 넷째 아들 유다는 며느리를 범했다. 그런데 르우벤은 보잘것없는 인생을 살고 말았지만 유다는 다윗 왕의 조상이요, 예수 그리스도의 조상이 됐다(창49:3~4, 8~12). 은혜의 차이다. 가룟 유다는 예수님을 팔았고 베드로는 예수님을 저주하고 세 번이나 부인했다. 그런데 가룟 유다는 자살로 인생을 마감한 반면, 베드로는 순교자의 반열에 올랐다. 은혜의 유무가 차이를 만드는 것이다. 은혜가 임하면 죄인이 위인으로 바뀐다. 은혜는 그 어떤 것도 압도한다.

사람이 심는 것, 물주는 것도 중요하다. 그러나 자라나게 하시는 주님의 은혜가 최고다. "나는 심었고 아볼로는 물을 주었으되 오직 하나님은 자라나게 하셨나니 그런즉 심는 이나 물주는 이는 아무 것도 아니로되 오직 자라나게 하시는 하나님뿐이니라(고전3:6~7)."

부지런하고 지혜롭다고 해서 다 되는 것이 아니다. 아무리 밭을 잘 갈아도 비가 안 내리면 소용이 없다. 은혜의 단비가 내려야 한다. 은혜가 내리면 안 되는 것도 되고, 못하는 것도 한다. 은혜가 내리면 무엇을 하든지, 누구를 만나든지, 어디를 가든지 술술 풀린다. 부지런함에 지혜가 더해지고 거기에 주님으로부터 흘러내리는 은혜가 곱해져야 하겠다.

주중 1회씩 연세가 많으신 분들에게 지혜롭게 성경을 가르친다. 두 시간이나 열강을 한다. 눈이 어두운 분도 있고 한글을 모르는 분, 배움이 짧은 분도 있으나 그 모든 것은 별 의미가 없다. 성령님이 함께 하시고 도우시며 최상의 학문을 한 내가 지혜와 열정을 총동원하니, 저들도 천재가 된다. 믿음과 은혜, 구원과 영생이 무엇인지 박사급 수준의 체계적인 지식으로 무장된다. 그들의 눈과 귀와 마음이 밝아진다. 영성지수와 지능지수가 반짝이며 올라간다. 이렇게 성심성의껏 오랫동안 노인들에게 말씀을 가르치자 주님께서 내게 상을 베푸신다. 탁월하게 자기훈련이 잘 돼 있는 프로 강사들 앞에서도 마음껏 말씀을 전하는 기회를 자꾸 주신다. 서울로, 인천으로, 대전으로, 전국으로 말씀사역의 지경을 넓히신다. 내가 오히려 가르침을 받아야 할 전문가들에게 말씀을 가르치다니 눈물겨운 기적이 아닐 수 없다.

5달란트를 받은 종은 열정적으로 '바로 가서'(마25:16) 장사하고 지혜롭게 '잘'(마25:21) 장사하고 충성스럽게 '오랜 후'까지(마25:19) 장사해서 1배를 더 남겼다. 2달란트를 받은 종도 그랬다. 종의 입장에서는 대견스러운 성과일지 모르지만 주인의 입장에서는 '작은 일'일(마25:21) 뿐이다. 열심히, 지혜롭게, 오랫동안 충성스럽게 장사했어도 더 남긴 것은 1배다. 10배도 아니고 100배는 더욱 아니다. 그럼에도 불구하고 주인은 잘 했다고 칭찬하며 이미 맡긴 것이나 남긴 것과는 별도로 많은 것을 더해 준다. "그 주인이 이르되 잘 하였도다. 착하고 충성된 종아, 네가 작은 일에 충성하였으매 내가 많은 것으로 네게 맡기리니 네 주인의 즐거움에 참예할지어다 하고(마25:21)." 그렇다. 나는 기껏해야 2배의 인생이다. 그러나 주님이 나를 착하고 충성되게 보시고 은혜를 베푸시면 30배, 60배, 100배의 인생이 된다. 주님이 더해 주시니 넘치게 주님의 즐거움까지 누릴 수 있다. 2중의 축복이다.

 단순한 나의 노력과 지혜와 충성으로는 2배를 넘지 못한다. 그러나 그것을 주님이 인정해 주셔서 그 위에 은혜의 단비를 퍼부으시면, 나의 인생에 폭발적인 번식이 나타나게 된다. 일터나 교회에서 어떤 일을 하던 간에 열심히, 지혜롭게, 오랫동안, 충성스럽게 잘 하자. 그러면 5달란트가 10달란트로 되고 2달란트가 4달란트로 되는, 두배의 인생을 훨씬 넘어 100배의 인생까지 가능할 것이다.

은혜만이 바꾼다

　다윗이 행복을 노래한다. "일한 것이 없이 하나님께 의로 여기심을 받는 사람의 행복에 대하여 다윗의 말한 바, 그 불법을 사하심을 받고 그 죄를 가리우심을 받는 자는 복이 있고 주께서 그 죄를 인정치 아니하실 사람은 복이 있도다 함과 같으니라(롬4:6~8)." 그가 노래하는 행복이란 무엇인가. 공짜다. 내가 일한 것이 전혀 없는데도 하나님은 가장 귀한 것을 공짜로 주신다. 불법은 용서하시고 죄도 가려주시고 의로움은 거저 주시는 것이다. 이것이 은혜다.
　우리는 은혜 없이 살 수 없다. 천국에서도 은혜로 살아야 하고, 이 세상에서도 은혜로 살아야 한다. 아버지한테 억지로 타낸 재산을 방탕하게 다 써버린 둘째 아들이었지만 벌 대신에 사랑을, 저주 대신에 축복을 받았다. 이것이 기독교 특유의 은혜다.

은혜는 3가지로 요약될 수 있다. 첫째 은혜는 아무 수고 없이 하나님의 아들, 예수님만 믿고 예수님의 십자가 보혈로 죄 사함을 받아 천국에 가는 것이다. 우리가 하나님 앞에서 체면, 염치, 예의, 공로를 따져서는 안 된다. 우리가 면목이 서서, 염치가 있어서, 예의를 갖추어서, 공로가 있어서 하나님 앞에 서는 것이 아니다. 오직 예수님의 십자가 보혈, 예수님의 이름뿐이다.

둘째 은혜는 수고하지 않았는데도 거두는 것이다. 예를 들어 좋은 나라에 태어나서 좋은 부모를 만나고, 좋은 교육을 받아 좋은 유산을 물려받는 것이 그런 은혜다. 크게는 경품에 당첨되는 것도, 작게는 밥 한 끼를 얻어먹는 것도 마찬가지다. 심어야만 거두는 게 아니다. 심지도 않았는데 거두기도 한다. "내가 또 너희의 수고하지 아니한 땅과 너희가 건축지 아니한 성읍을 너희에게 주었더니 너희가 그 가운데 거하며 너희가 또 자기의 심지 아니한 포도원과 감람원의 과실을 먹는다 하셨느니라(수24:13)."

셋째 은혜는 우리가 수고한 것에 복을 주시는 것이다. 하나님은 우리가 수고한 것에 넘치도록 복을 주시고 수고한 대로 복을 주신다. 수고했다고 잘 된다는 보장이 없다. "여호와께서 집을 세우지 아니하시면 세우는 자의 수고가 헛되며… 너희가 일찌기 일어나고 늦게 누우며 수고의 떡을 먹음이 헛되도다…(시127:1~2)." 수고한 대로 먹을 수 있다면 복이다. "네가 네 손이 수고한 대로 먹을 것이라. 네가 복되고 형통하리로다(시128:2)."

서울 명성교회의 김삼환 목사님이 존경하는 장로님 한 분이 괌에서 산다. 그분은 1970년대 말부터 1980년대 초까지 태권도 교관으로 미군부대와 대학에서 큰돈을 벌 수 있었다. 그런데 홍콩배우 이소룡의 등장으로 중국무술이 판치는 바람에 태권도의 인기가 시들고 말았다. 체육관을 운영하는 것 자체가 불가능할 정도였다. 어쩔 수 없이 다른 일을 찾다가 건설업을 하게 됐다.

마침 미국 사람들이 땅을 공짜로 주면서 건물을 지으라고 했다. 그렇게 건설업을 시작했는데 일본 사람들이 괌으로 몰려오기 시작했다. 그는 미국 시민권자의 자격으로 건물을 지어 팔 수 있었고, 일본 사람들은 그것을 사기만 했다. 80만 달러에 건물을 지어 1,200만 달러에 팔기도 했다. 떼돈을 벌었다. 그는 돈을 벌면서 괌 부지사가 되고 IOC 위원이 됐다. 하나님이 그를 마음껏 축복하시고 마음껏 높여주신 듯했다.

그러다가 많은 수익을 남기고 모든 건물을 팔아 샌프란시스코로 갔다. 그렇게 7년 가까이 있다가 2003년 다시 괌으로 돌아왔더니 관광 붐, 건설 붐이 다 죽어 있었다. 그래서 자신이 높은 값에 팔았던 건물들을 헐값에 되 찾게 되었다. 1,200만 달러에 판 것을 80만 달러에 사고 4,000만 달러에 판 것을 800만 달러에 샀다. 그러자 놀라운 일이 벌어졌다. 중국 사람들이 이전의 일본 사람들보다 많이 괌으로 몰려드는 것이었다.

이런 것이 은혜다. 뭐든지 하기만 하면 하나님이 복을 주신다. "…너희 하나님 여호와께서 너희 손으로 수고한 일에 복 주심을 인하여 너희와 너희 가족이 즐거워할지니라(신12:7)."

은혜를 많이 받으면 부족한 사람이 온전하게 바뀌고 미련한 사람이 지혜롭게 바뀐다. 험난한 사람이 평안하게 바뀌며 약한 사람이 강하게 바뀌고 가난한 사람이 부유하게 바뀐다. 우리의 형편을 획기적으로 바꾸는 것은 하나님이 부으시는 은혜다. 우리가 그토록 기도하는 것도 하나님의 은혜를 사모하기 때문이 아닌가.

때로는 장대비 같이 강렬한 은혜를 받고 때로는 이슬비 같이 잔잔한 은혜를 받아야 하겠다. 그러려면 은혜를 주시는 하나님을 바라봐야 한다. 아브라함도, 이삭도, 야곱도, 요셉도, 다윗도 우리가 바라봐야 하는 대상이 아니다. 아브라함의 헌신, 이삭의 순종, 야곱의 인내, 요셉의 정직, 다윗의 열정에 우리가 주눅 들어서는 안 되겠다. 그들과 자신을 비교하면서 열등감에 사로잡히기보다는 은혜를 부으시는 하나님을 더욱 바라봐야 한다. 마른 땅 같이 하나님을 사모할 때, 우리는 부족함이 없게 될 것이다. "주를 향하여 손을 펴고 내 영혼이 마른 땅 같이 주를 사모하나이다(시143:6)." "저가 사모하는 영혼을 만족케 하시며 주린 영혼에게 좋은 것으로 채워주심이로다(시107:9)." "젊은 사자는 궁핍하여 주릴지라도 여호와를 찾는 자는 모든 좋은 것에 부족함이 없으리로다(시34:10)."

하나님의 본심은 고생살이가 아니다. "주께서 인생으로 고생하며 근심하게 하심이 본심이 아니시로다(렘애3:33)." 하나님은 우리의 행복을 원하신다. "여호와께서 복을 주시므로 사람으로 부하게 하시고 근심을 겸하여 주지 아니하시느니라(잠10:22)." 기도와 말씀과 예배와 헌신으로 하나님께 바짝 붙어 있기만 하면(요15:5), 하나님께 나아가기만 하면(히11:6), 하나님께 구하기만 하면(마7:7) 우리는 형통하게 된다. "저가 여호와를 구할 동안에는 하나님이 형통케 하셨더라(대하26:5)." 우리의 불통은 하나님을 찾지 않기 때문이다. "…여호와를 찾지 아니하므로 형통치 못하며…(렘10:21)." 하나님을 가까이 하면 하나님도 우리를 가까이 하신다. "하나님을 가까이 하라, 그리하면 너희를 가까이 하시리라…(약4:8)." 하나님을 존중하면 하나님도 우리를 존중하신다. "…나를 존중히 여기는 자를 내가 존중히 여기고…(삼상2:30)."

어려워도 하나님을 위해 대가를 치르면 하나님도 기꺼이 은혜를 베푸신다. "볼지어다. 내가 네 앞에 열린 문을 두었으되 능히 닫을 사람이 없으리라. 내가 네 행위를 아노니 네가 적은 능력을 가지고도 내 말을 지키며 내 이름을 배반치 아니하였도다(계3:8)."

이단시비가 있긴 하지만 중국 가정교회의 지도자, 劉陣英 목사의 사례는 하나님의 일방적인 은혜에 대해 다시 한 번 생각하게 한다. 그는 중국정부의 금지령을 어기고 가정교회를 확신시킨다는 죄목으로 4년 동안 극심한 수용소 생활을 하고 있었다. 그의 아내는 아버지 얼굴도 못 본 아들을 낳아 혼자서 기르며 시모와 단 둘이서 농사를 지었다. 막막하던 시절이었다.

한 번은 고구마를 심기로 했는데 듬성듬성하게 심어야 하는 줄도 모르고 촘촘히 심었다. 때문에 동네 사람들한테서 심한 조롱을 받아야 했다. 수확기가 되자 동네 사람들은 테니스공 만한 작은 고구마를 캐게 되었다. 그런데 그녀의 고구마 줄기에서는 농구공 만한 고구마가 따라 나왔다. 동네 사람들은 하나님이 그렇게 해 주셨다고 인정하지 않을 수 없었다. 남편을 더 이상 범죄자로 몰지 않고 억울하게 투옥됐다고 인정해 주기도 했다. 이렇게 하나님은 하나님을 섬기는 사람을 도드라지게 드러내 주신다. "…하나님을 섬기는 자와 섬기지 아니하는 자를 분별하리라(말3:18)."

또 한 번은 밀농사를 하는데 역시 파종방법을 몰라 고랑을 안 만들고 마구잡이로 씨를 뿌렸다. 그런데다가 밀 수확을 한 주 앞둔 어느날 거센 폭풍과 함께 주먹 같은 우박덩이가 마구 쏟아졌다. 그녀와 시어머니는 밖으로 달려가 무릎을 꿇고 울부짖었다. "하나님, 우리에게 긍휼을 베푸소서." 그런데 또 기적이 일어났다. 주변의 밀밭은 풍비박산이 났지만 그녀의 밀밭은 하나도 상하지 않았던 것이다. 그 해 동네 사람들은 배를 곯아야 했지만 그녀는 풍성하게 수확할 수 있었다.[41]

우리가 잘 되는 비결은 하나님께 잘 보이는 것이다. 하나님께 잘 못 보여서 눈총을 받지 말고, 하나님께 잘 보여 은총을 받아야 한다. 하나님을 믿으면서도 자기만 챙기는 사람은 눈총을 받는다. 눈총도 총이다. 자주 맞으면 죽는다. "너희가 많이 뿌릴지라도 수입이 적으며…(학1:6)." "그러므로 너희는… 자기의 소위를 살펴볼지니라(학1:5)."

하나님을 챙겨드리면 은총을 받는다. 하나님을 위해 시간을 드리면 시간이 남고, 물질을 드리면 물질이 남는다. 마음을 드리면 마음에 여유가 생기고 몸을 드리면 건강하게 된다. "너희는 먼저 그의 나라와 그의 의를 구하라. 그리하면 이 모든 것을 너희에게 더하시리라(마6:33)."

은혜는 하나님이 떨어뜨려 주시는 것이다. 은혜가 없으면 살 수 없다. 은혜가 풍성해야 인생이 풍성하다. 우리의 능력과 인맥에는 한계

---

[41] 폴 해터웨이, 「하늘에 속한 사람」(홍성사, 2004) 187~188면 참조.

가 있다. 우리의 능력과 인맥을 동원해도 승산없는 게임이 있다. 우리와 비교할 수 없이 막강한 능력과 인맥을 갖춘 사람들이 많기 때문이다. 하나님의 능력과 인맥을 우리의 것으로 만들어야 한다. 그러기 위해서는 위로부터 임하는 은혜를 받으면 된다. 간절한 마음으로 위를 바라보자.

요셉 자신의 능력은 초라했고, 그가 동원할 수 있는 인맥이라야 아버지 야곱뿐이었다. 그러나 하나님이 은혜를 베푸시자 애굽 왕 바로가 그의 능력과 인맥이 됐다. 룻도 그랬다. 하나님의 은혜를 덧입어 유력자 보아스를 만남으로써 그의 능력과 인맥은 그녀의 것이 됐다. 하나님을 바라보고 하나님의 편에 서고 하나님을 위해 일하자. 그러면 세상의 능력과 인맥이 다 우리의 것이 된다.

솔로몬은 대단한 은혜를 받았다. 지혜와 재물과 백성과 땅이 넘쳤다. 그런데도 하나님이 계속 은혜를 주시니 스바 여왕 같은 유력자들이 그의 지혜를 들으려고 온갖 재물을 가지고 찾아왔다(왕상 10:24~25). "이에 저가 금 일백이십 달란트와 심히 많은 향품과 보석을 왕께 드렸으니 스바 여왕이 솔로몬 왕께 드린 것처럼 많은 향품이 다시 오지 아니하였더라(왕상10:10)." 하나님의 은혜가 임하면 세상의 능력과 인맥을 다 동원할 수 있게 된다. "일어나라. 빛을 발하라. 이는 네 빛이 이르렀고 여호와의 영광이 네 위에 임하였음이니라(사60:1)." "열방은 네 빛으로, 열왕은 비취는 네 광명으로 나아오리라(사60:3)." "…바다의 풍부가 네게로 돌아오며 열방의 재물이 네게로 옴이라(사 60:5)." "…사람들이 네게로 열방의 재물을 가져오며 그 왕들을 포로로 이끌어 옴이라(사60:11)." 하나님의 은혜를 사모하고 하나님을 위해 헌신한다면 어느 날 이런 축복이 개인적으로, 국가적으로 임할 것이다. 우리는 하나님의 은혜를 많이 받아 세 가지를 이뤄야 한다. 성장과 성숙과 성취가 바로 그것이다.

점점 세어지는 힘과 긍정적인 변화가 성장이라면, 부드러운 친절과 베푸는 배려가 성숙이다. 무르익어 성숙하기 전에 부지런히 성장해야 한다. 자라지 않고 무르익는 것은 조로다. 그렇기에 자라면서 무르익어야 한다. 무르익지 않으면 빛 좋은 개살구에 불과하다. 그러나 성장과 성숙에도 불구하고 성취가 없으면 허망하다. 긍정적인 무언가를 계속 성취해야 한다. 성취가 있어야 의욕이 생기기 때문이다.

1944년 16세의 존 고다드(John Goddard)는 집 식탁에 앉아, 노란색 종이에 자신이 이루고 싶은 성취목록 127가지를 적었다. 그는 의사가 되고 싶었고, 12개의 원시문화를 답사하며 많은 나라를 방문하길 원했다. 더불어 아마존 강 등 10개의 강을 탐사하고, 에베레스트 등 17개의 산을 등반하고 싶었다. 비행기 조종법을 배워 마르코 폴로의 여행경로와 알렉산더 대왕의 원정로를 추적하고, 파사디나의 장미 퍼레이드에서 말을 몰고자 했다. 그는 독수리 원정대원이 되고, 바다 속에 잠수하길 원했다. 플루트와 바이올린을 연주하고 프랑스어, 스페인어, 아랍어를 배우고 싶었다.

그는 성경과 브리태니카 백과사전을 통독하고 셰익스피어, 플라톤, 아리스토텔레스, 디킨즈 등의 고전작품을 섭렵하고 싶었다. 선교사업도 하고자 했다. 심지어 그의 성취목록에는 소형 비행선, 열기구, 글라

이더, 코끼리, 낙타, 타조, 야생말을 타는 것과 윗몸일으키기 200회, 몸무게 80킬로그램을 유지하는 것도 포함돼 있었다.

30년 후 그는 '라이프'라는 잡지에 127가지 목표를 거의 다 이룬 인물로 소개 되었다. 그는 15세 때 할머니와 숙모가 "내가 젊었을 때, 이것을 했더라면" 하고 후회하는 말을 듣고는 "후회하는 삶은 살지 말아야 한다"는 결심을 하게 됐다고 한다.

"나는 틀에 박힌 생활을 하고 싶지 않았다. 끊임없이 나의 한계에 대해 도전을 하고 싶었다. 독수리처럼 말이다."

우리는 이 땅에 태어나서 죽는 그 순간까지 성장하고 성숙하고 성취해야 한다. 하나님을 바라보자. 은혜를 받자. 성장하고 성숙하고 성취하자.

어려운 시대를 살아가고 있다. 경기침체가 장기화되고 경제구조도 지나치게 한 쪽으로 쏠리는 현상이다. 2004년 3월 서울시 용산의 '시티파크' 청약시 25만 명의 사람과 7조 원의 돈이 몰렸다. 하지만 같은 시기의 서울 2차 동시분양에서는 단 한 건의 계약도 성사시키지 못한 아파트 단지가 나왔다.[42] 그 후 속칭 '땡처리' 대상의 수도권 미분양 아파트들이 계속 등장하고 있다. 중소기업들은 공장가동률 하락, 은행 대출 연체율 상승에 허덕이는데 삼성전자 하나가 우리나라의 경제지표 전체를 쥐락펴락한다. 삼성전자의 영업이익은 매월 1조 원을 넘는다. 삼성전자의 설비투자액은 국내업계 전체의 75%를 웃돈다. 삼성전자의 움직임에 따라 무역수지와 주가가 춤을 춘다.[43]

2004년도에 이어 2005년에도 경제는 성장했다. 그런데 대다수 사

---

42) 김진수, "7조 : 0" 한국경제(2004. 3. 27) 1면 참조.
43) 조주현, "삼성전자 착시현상 심화" 한국경제신문(2004. 3. 26) 1면 참조.

람들이 성장을 체감하지 못한다. 한 쪽으로 쏠렸기 때문이다. 제조분야는 침체를 탈출하려고 저임금의 중국으로 몰리고 있다. IT분야는 가파르게 성장했지만 무인자동화로 추가고용을 하지 않는다. 이미 일부 영역에서는 가진 사람이 더 많이 가지고, 어려운 사람은 더 바닥으로 떨어지는 양극화 현상이 일어나고 있다. 우리나라의 이런 양극화 현상을 바라보면서 절망감을 느끼곤 한다.

그러나 그 옛날 조국의 참담한 현실 앞에서도 하나님을 바라보면서 새 희망을 가졌던 이사야나 예레미야 선지자처럼 우리도 하나님한테서 새 희망을 찾는다. "나의 영혼아, 잠잠히 하나님만 바라라. 대저 나의 소망이 저로 좇아나는도다(시62:5)."

판이 굳어질 대로 굳어져 도저히 희망이 없어 보이지만 주님은 얼마든지 굳은 판을 새 판으로 갈아 주실 수 있다. 다 굳어진 판이라고 포기하면 안 된다. 우리가 주님을 바라보면 주님이 판갈이를 해 주신다. 우리는 성경에 기록된 대로 믿으면 된다. "내 영혼아, 네가 어찌하여 낙망하며 어찌하여 내 속에서 불안하여 하는고. 너는 하나님을 바라라. 나는 내 얼굴을 도우시는 내 하나님을 오히려 찬송하리로다(시42:11)." "내가 산 자의 땅에 있음이여, 여호와의 은혜 볼 것을 믿었도다(시27:13)." "내가 산을 향하여 눈을 들리라. 나의 도움이 어디서 올꼬. 나의 도움이 천지를 지으신 여호와에게서로다(시121:1~2)."

판이 다 굳어진 것처럼 보이는 상황에서도 얼마든지 두각을 나타내는 인생을 살 수 있다. 성경대로 믿고 성경대로 보고 성경대로 살면 된다. 바디매오는 태어날 때부터 앞을 볼 수 없었지만 아주 뜨겁게 주님을 외쳤기에 주님의 발걸음을 멈추게 했고(막11:48~49) 그래서 남은 인생을 완전히 새롭게 짤 수 있었다. 혈루증 여인 역시 12년간의 혈루증이라는 굳어진 판을 도저히 깨뜨릴 수 없어 보였지만 아주 용감하게 주님의 옷자락을 붙잡았기에, 주님을 뒤돌아보게 만들었고(막 5:27~30) 그래서 남은 인생을 완전히 새롭게 짤 수 있었다. 삭개오는 동포를 등친 매국노라는 굳어진 판을 도저히 깨뜨릴 수 없어 보였지만, 뽕나무 위에 오름으로써 주님의 시선을 사로잡았고(눅19:5) 그래서 남은 인생을 완전히 새롭게 짤 수 있었다. 이들 모두 믿음의 두각을 나타낸 것이다. 바디매오 때문에 주님은 멈추어 섰다. 혈루증 여인 때문에 주님은 뒤돌아보았고, 삭개오 때문에 주님은 가던 길을 돌이키셨다. 아무나 주님을 움직일 수는 없다. 믿음의 두각을 나타내는 사람만이 그렇게 할 수 있는 것이다. 우리는 주님을 갈망해도 남다르게 해야 하고, 주님께 기도해도 남다르게 해야 한다. 헌신 역시 남달라야 함은 물론이다. 다윗은 애절하게 주님을 갈망했다. "하나님이여, 사슴이 시냇물을 찾기에 갈급함 같이 내 영혼이 주를 찾기에 갈급하니이다(시 42:1)."

감리교 창시자, 존 웨슬리 역시 정말 끈질기게 주님께 기도했다. 얼마나 열정적으로 기도를 했던지 그가 무릎을 꿇었던 마루에는 쥐구멍 같은 자리가 생겼다고 한다. 아브라함은 또한 정성을 다 해 주님께 헌신했다. 창세기 18장 1절에서 8절을 보면 세 사람이 등장하는데, 아마 두 천사의 호위를 받으면서 주님이 그에게 나타나셨던 것 같다. 그는 즉시 달려 나가 땅에 엎드려 영접했다. 몸을 낮추고 민첩하게 영접한 것이다. 우리도 주님을 예배하려면 일단 몸을 낮추고 민첩하게 영접해야 한다. 겸손함과 민첩함이 있어야 예배가 예배다워진다.

그는 물로 발을 씻겨 드렸다. 우리도 섬김의 수건으로 허리를 동일 수 있어야 한다. 뻣뻣한 자세로는 예배를 드릴 수 없다. 그는 우유와 버터를 드리고 새 떡과 송아지 요리를 만들어 드렸다. 희생과 수고가 없는 예배는 예배가 아니다. 그는 송아지를 희생해야 했고 음식을 장만하느라고 수고해야 했다. 주일예배를 위해 우리는 얼마나 희생하고 수고하는가. 그는 겸손하고 민첩한 자세로 주님을 영접했고, 충분히 좋은 것을 주님께 많이 드렸다.

몸을 낮추고 민첩하게 영접하는 것, 희생하고 수고하는 것, 충분히 좋은 것을 많이 드리는 것이 예배다. 몸이 뻣뻣하고 마음이 게으르게 드리는 예배는 예배가 아니다. 희생과 수고와 드림이 없는 예배도 예배가 아니다. 예배를 드리려면 몸을 낮추고 마음을 민첩하게 하고 새롭고 좋은 것을 준비해야 한다. 그가 그렇게 최상의 예배를 드렸을 때, 주님은 그에게 1년 후 아들을 주겠다고 축복하신다(창18:10). 24년 묵었던 문제가 풀리는 순간이다.

주님은 또 그가 강대국을 이룰 것이라는 엄청난 약속도 해 주신다(창 18:17~18). 더 나아가 주님은 그에게 소돔과 고모라의 멸망에 대한 예언까지 해 주신다(창18:20~21). 주님에 대한 예배가 깊어지면 우리에 대한 주님의 총애도 이처럼 깊어지는 것이다.

전부가 아니면 전무인 세상이 도래하고 있다. 그러나 우리의 믿음이 두각을 나타내면 우리의 인생도 두각을 나타내게 된다. 남다른 갈망, 남다른 기도, 남다른 헌신은 남다른 결과를 낳는다. 아브라함은 고향의 문전옥답을 등진 떠돌이였다. 두 번이나 아내를 빼앗기기도 했다(창12:15, 20:2). 왕들의 틈바구니 속에서 싸워 이겨야 했다(창14:17). 그럼에도 불구하고 그가 드리는 예배는 점점 깊어졌다.

그는 가는 곳마다 제단을 쌓았고(창12:8, 13:4,18) 온전한 제물을 드렸고(창15:10, 18:6~7) 마침내 외아들까지 드렸다(창22:12). 그의 예배가 그렇게 깊어지자 주님의 축복도 커졌다. "아브라함이 나이 많아 늙었고 여호와께서 그의 범사에 복을 주셨더라(창24:1)." 마이더스의 손이 따로 없다. 그의 손이 황금 손이다. 그가 만지는 것마다 모두 잘 됐다는 것이다. 우리의 예배가 깊어질 때 하나님의 은혜도 커진다. 그래야 우리 인생은 두각을 나타내게 될 것이다.

주님의 관심을 사로잡아, 주인공이 되자

　에드워드 포크는 일찍 부모를 여의고 할아버지의 손에서 자랐다. 그가 어린 나이에 미국으로 건너가겠다고 하자 할아버지가 당부했다. "네가 하는 일이 아무리 작아도 항상 최선을 다 하여라. 네 주변을 어떤 모양으로든지 좋게 만들어라." 그는 미국의 보스턴으로 가서 신문팔이를 시작했다. 주변을 깨끗이 청소하고 손님들에게 제일 먼저 신문을 배달했다.[44] 점점 그의 친절과 성실이 알려지자 커터스 출판사에서 그를 청소부로 고용했다. 거기서도 신임을 얻어 정식직원이 됐다. 모든 일을 자기 일처럼 하자 어느 새 판매부장이 됐고, 다시 경리부장, 편집국장, 사장의 사위를 거쳐 마침내 사장이 됐다. 기회를 끈덕지게 불러들인 것이다.

　한 중학생이 연탄가게를 하는 아버지를 도와 연탄 배달을 해야 했다. 중학교를 졸업했지만 가정형편이 어려워 고등학교에 진학할 수 없

---

44) 김주영, 「꿈을 이루게 하는 101가지 성공노트」(백만문화사, 2004) 41~42면 참조.

었다. 기술을 배워야 겠다고 생각하던 중, 수도요리학원을 보게 됐다. 용기를 내어 등록하고 하루도 빠지지 않고 열심히 다녔다. 그는 요리에 재미를 느꼈고 곧 요리사 자격증을 딸 수 있었다. 학원장의 추천으로 하얏트호텔의 보조 요리사로 취직했다.

그의 첫 임무는 감자 깎기였는데 그것조차 쉽지 않아 선배들로부터 구박을 받아야 했다. 조금이라도 빨리 감자를 깎아야 선배들 옆에서 일을 거들며 요리를 배울 수 있었기에, 그는 감자 대신 삶은 계란을 날마다 손에 들고 다녔다. 출퇴근 버스 안에서는 물론 잠이 드는 순간까지 계란을 쥐고 감자 깎는 연습을 했다. 선배들이 고등학교를 나왔기 때문에 중학교만 졸업한 그로서는 남들보다 몇 배 더 노력하는 수밖에 없다고 생각했다.

그래서 그는 남들보다 두 시간 먼저 출근해 청소와 재료정리를 다 해놓았다. 프라이팬을 능숙하게 돌리기 위해 야채 대신에 소금을 넣고 감자 깎기 보다 더 혹독한 연습을 했다. 새로 배운 것이 있으면 즉시 메모했고, 그 날 익힌 요리는 남들이 퇴근한 후 반복해 봤다.

칼에 베고 불에 데는 경우가 많았지만 새로운 조리법을 알아가는 재미에 피곤한 줄도 몰랐다. 퇴근 후에도 늦게까지 남아 선배들의 일을 도왔다. 선배들이 그를 보면 가르치고 싶다는 생각이 들 정도였다. 가만히 앉아서 선배들이 관심을 가져줄 때까지 기다린 게 아니라 선배들의 관심을 사로잡도록 적극적으로 움직인 것이다.

아무한테나 행운이 날아들지 않는다. 행운은 노력하는 사람한테 날아든다. 그는 그렇게 행운을 불러들였고 마침내 서울힐튼호텔의 총주방장이 됐다. 500개가 넘는, 전 세계의 힐튼호텔에서 현지 사람이 총주방장을 맡은 경우는 처음이다.

서울힐튼호텔의 상무이기도 한 박효남 총주방장(2007년 현재 47세)은 한식당, 일식당, 중식당, 프랑스식당, 이탈리아식당, 캘리포니아식당을 비롯한 전체 식당과 주방을 책임지면서 200명에 가까운 요리사를 관리하고 있다. 그는 요리에 전념하면서도 틈틈이 공부를 계속해 방송통신고등학교, 초당대학교를 거쳐 석사과정도 밟았다.[45]

그가 특급호텔의 최연소 총주방장이 되고 싱가포르 국제요리대회에서 5개 부문 금상을 수상한 비결이 무엇인가. 그보다 더 나은 사람이 그를 도와주고 싶도록 노력하는 것이다. 행운은 그냥 찾아오지 않는다. 찾아오도록 노력해야 하는 것이다. 누가 행운아인가. 우연히 행운을 만난 사람이 아니라 집요하게 행운을 불러들이는 노력을 하는 사람이다. 나보다 더 나은 사람이 나를 돕도록 노력하는 사람이 행운아가 된다는 말이다. 주 예수님이 주시는 은혜, 축복, 기적도 불러들이는 노력을 하는 사람의 것이다.

바디매오는 비참한 인생이었다. 그는 시각장애인이었고 거지였다. 동전 몇 푼만 던져줄 뿐, 그에게 특별한 관심을 기울여주는 유력인사는 아무도 없다. 그런데 지금 예수라고 하는 메시아가 자기 앞을 지나간다는 것이다. 제자들을 비롯해 많은 무리가 예수님을 감싸면서 지나가고 있다. 그가 예수님의 관심을 사로잡을 수 있는 방법은 고함뿐이다. "나사렛 예수시란 말을 듣고 소리 질러 가로되 다윗의 자손 예수여, 나를 불쌍히 여기소서 하거늘(막10:47)." 많은 사람들이 꾸짖어도 아랑곳하지 않고 더 심하게 고함친다. "많은 사람이 꾸짖어 잠잠하라 하되 그가 더욱

---

45) 박효남 외,「나는 무슨 씨앗일까?」(샘터, 2005년) 14~27면 참조.

심히 소리 질러 가로되 다윗의 자손이여, 나를 불쌍히 여기소서 하는지라(막10:48)." 그러자 예수님이 가시던 길을 멈추고 그를 부르신다. "예수께서 머물러 서서 저를 부르라 하시니…(막10:49)." 예수님이 그에게 관심을 기울이신 게 아니라 예수님이 관심을 기울이시도록 그가 만든 것이다. 축복은 그냥 찾아오지 않는다. 축복이 찾아오도록 해야 한다. 많고 많은 사람들 중에서 나를 주님이 그냥 기억하실 것이라고 기대해서는 안 된다. 주님이 나를 기억하시도록 특별한 퍼포먼스를 해야 하는 것이다.

삭개오는 예수님을 보고 싶은, 간절한 마음으로 뽕나무 위로 올라갔다. 그러자 예수님이 그를 쳐다보고 불러주셨다(눅19:2~5). 혈루증 여인은 간절한 마음으로 예수님의 뒤에서 겉옷을 만졌다. 그러자 예수님이 그녀를 돌아보셨다(마9:20~22). 사람들이 간절한 마음으로 지붕을 뚫고 한 중풍병자의 침상을 달아 내렸다. 그러자 예수님이 그들의 믿음을 보셨다(막2:3~5). 바디매오도, 삭개오도, 혈루증 여인도, 그 중풍병자도 다 예수님을 가로챈 사람들이었다. 예수님의 관심이 처음부터 저들에게 있었던 것은 아니다. 저들이 갑자기 새치기한 것이다. 특히 혈루증 여인의 경우는 회당장 야이로의 딸을 고치러 가시던 예수님을 가로챘다.

내가 예수님을 믿으니까 예수님이 그저 나를 축복해 주실 것이라는 막연한 기대감으로 살아서는 안 된다. 특별한 퍼포먼스로 예수님의 관심을 사로잡아야 한다. 그것이 기도든지, 사역이든지, 헌금이든지, 봉사든지 상관없다. 땀과 눈물과 피가 섞인, 특별한 것이어야 한다. 예수님은 고난주간의 목요일 밤에 얼마나 간절하게 기도하셨던지 실핏줄이 터져 땀에 피가 섞여 나왔다(눅22:44). 이런 주님의 관심을 대충 해서는 사로잡을 수 없다. 특별해야 한다. "여호와의 눈은 온 땅을 두루 감찰하사 전심으로 자기에게 향하는 자를 위하여 능력을 베푸시나니…(대하16:9)." 전심으로 주님을 바라볼 때 주님의 능력을 경험한다는 것이다. "너희가 전심으로 나를 찾고 찾으면 나를 만나리라(렘29:13)."

누구나 주님의 관심을 살 수 없고 아무나 주님의 특별한 복을 받을 수 없다. 남달라야 한다. 남과 같거나 남보다 못한 수고를 하면서 남보다 나은 복을 받고자 한다면 바른 심보가 아니다. 남다른 차이를 내야 한다.

엘리사나 다른 생도들이나 다 주님이 스승 엘리야를 데려가실 줄을 직감했다. 그러나 엘리사는 그것으로 만족하지 않고 스승 엘리야를 끝까지 따라다녀 결국 갑절의 영감을 받아냄으로써 자신이 엘리야의 후계자임을 입증했다(왕하2:1~15). 여호수아나 갈렙이나 믿음이 출중하기는 마찬가지였다. 그러나 여호수아는 스승 모세 곁에 더 바짝 붙어 있음으로써 모세의 후계자가 되는, 성령충만의 안수를 받을 수 있었다(신34:9).

복이 무엇인가. 손이 고생한 수고대로 거둬 먹는 것이 복이다(시128:1). 주님은 우리에게 복을 주시되 손이 고생한 것에 복을 주신다(신12:7). 우리의 손이 고생한 수고에 복이 임한다면 수고의 크기가 복의 크기인 셈이다(고후9:6).

비를 내리는 것은 하늘의 몫이다. 그러나 그 비를 받아서 열매를 맺는 것은 땅의 몫이다. 땅을 옥토로 만들기 위해서 계속해서 거름을 주는 특별한 노력이 필요하다. 땅을 옥토로 만드는 피땀 어린 작업은 내가 해야 하는 몫이다. 심고 가꾸는 작업도 나의 몫이다. 많은 땅을 옥토로 만들고 거기에다 많이 심고 열심히 가꾸면 주님이 많은 열매를 주신다. 내가 땅을 만들고 심고 가꾸는 수고를 통해 주님은 자라나게 하시고 열매 맺는 은혜를 베푸신다(고전3:6). 그렇다면 수고의 크기가 수확의 크기를 결정하는 것이다. 특별한 수고 없이는 특별한 은혜를 기대할 수 없다.

우리가 주님을 위해 특별히 수고하면 주님이 특별한 은혜를 베푸신다(행21:19). 주님의 관심을 사로잡고 주님의 특별한 은혜를 받기 위해 남다른 노력을 계속하자. "부지런하여 게으르지 말고 열심을 품고 주를 섬기라(롬12:11)."

술람미 여인은 피부가 검게 그을렸지만(아1:5~6) 솔로몬 왕의 영광이 임하자 그녀는 흑진주가 됐다. 주님의 영광이 임하면 우리의 실수, 실패, 죄, 허물, 흠도 영광스러워진다. 나손은 유다지파의 지도자였다. 그런 만큼 그 아들, 살몬도 유력자였고 그 손자, 보아스도 유력자였다. 이에 반해 라합은 이방출신의 기생이었고 룻은 이방출신의 과부였다. 그런데 라합은 살몬과 결혼해서 보아스를 낳았고 룻은 보아스와 결혼해서 다윗의 조부, 오벳을 낳았다(룻4:20~22, 대상2:10~15). 주님의 영광이 임하자 기생도, 과부도 영광스러운 지위를 얻게 된 것이다.

그 여인은 동네에서 널리 알려진 죄인이었다. 혹시 많은 죄를 지은 창기였는지도 모른다. 하지만 향유옥합을 깨뜨려 주님께 부으면서 주님의 영광에 접촉되자 더 이상 더러운 죄인이 아니었다(눅7:37~47). 오히려 아름답고 정갈한 여인으로 우리에게 기억되는 것 같다. 주님 안에 있으면 주님의 영광이 배여 그 누구라도 새로운 피조물로 변하게 된다(고후5:17).

 아히도벨은 일등 전략가였다(삼하16:23). 그에 반해 후새는 이등짜리였다. 그렇지만 주님의 영광이 아히도벨을 떠나고 후새에게 머물자 하이도벨의 전략은 버림을 당하고 후새의 전략이 채택됐다(삼하17:14). 그래서 후새는 정적, 이히도벨과 반역자, 압살롬을 죽음의 길로 몰아넣을 수 있었다(삼하17:23, 18:15). 주님의 영광이 임하면 이등이 일등을 이기고 주님의 영광이 떠나면 일등도 비참한 최후를 맞이하는 것이다. 주님의 영광이 임하면 들러리가 주인공으로 바뀐다. 주님이 하늘과 땅의 영원한 주인이시기 때문이다(마28:18, 골1:16). 그렇다면 주님의 영광이 무엇인가.

 첫째로 주님의 영광은 주님이 생각해 주시는 것이다. 아하수에로 왕이 중견관리, 모르드개(에3:2)를 생각해 주자(에6:3) 그는 왕복을 입고 왕마를 타고 최고위관리, 하만(에3:1)의 시중을 받는 영광을 누릴 수 있었다(에6:11). 왕이 생각해 줘도 인생역전극이 벌어지는데 주님이 생각해 주시면 어떻겠는가. 주님이 생각해 주시자 한나는 사무엘을 잉태하여 브닌나의 대적을 잠재울 수 있었다(삼상1:6~7,19~20). 자식이 없어 무대바깥으로 밀려났던 그녀가 한 순간, 무대중앙에 서게 된 것이다. 주님의 영광은 주님이 생각해 주시는 것이다. 주님이 생각해 주시면 무대의 주인공이 된다.

 둘째로 주님의 영광은 주님이 돌아보시는 것이다. 혈루증 여인이 뒤에서 예수님의 겉옷을 만지자 예수님이 그녀를 돌아보셨다(마9:22). 병은 나았고 그녀는 많은 사람들 중에서 주인공이 됐다. 주님의 영광은 주님이 돌아보시는 것이다. 주님이 돌아보시면 무대의 주인공이 된다.

셋째로 주님의 영광은 주님이 쳐다보시는 것이다. 주님이 쳐다보시자 삭개오는 따돌림의 자리에서 주인공의 자리로 옮겨진다(눅19:3~7). 주님의 영광은 주님이 쳐다보시는 것이다. 주님이 쳐다보시면 무대의 주인공이 된다.

넷째로 주님의 영광은 주님이 심방하시는 것이다. 주님이 심방하시자 40년 동안 양의 배설물을 치우던 살해자 모세가 한 순간에 이스라엘 백성들을 가나안으로 출애굽시키는 지도자로 변신하게 된다(출 3:1~10). 살기등등하던 바울도 주님의 심방으로 이방인들을 복음의 가나안으로 출애굽시키는, 이방인들의 사도로 바뀐다(행9:1~15). 주님의 영광은 주님이 심방해 주시는 것이다. 주님이 심방해 주시면 무대의 주인공이 될수 있다.

요약하자면, 주님이 생각해 주시고 돌아보시고 쳐다보시고 심방해 주시는 것이 주님의 영광이다. 다시 말해 주님이 애정을 보이시는 만큼 주님의 영광이 임하게 되는 것이다.

그렇다면 어떻게 주님의 영광이 임하게 할 수 있는가. 주님을 사랑하고 사모하고 기쁘시게 해 드리면 된다. "나의 힘이 되신 여호와여, 내가 주를 사랑하나이다(시18:1)." 내가 주님을 사랑하는데 주님이 나를 사랑하시지 않을 이유가 없다. 사랑이 사랑을 낳는다.

어른으로부터 사랑받는 아이는 어른을 사랑하는 아이다. 어른이 팔을 벌리면 달려드는 아이가 있다. 이런 아이는 사랑을 받는다. 어른이 팔을 벌리기 전에 먼저 찾아와 안기는 아이가 있다. 이런 아이는 용돈을 타내듯이 사랑을 자꾸 타낸다. 사랑하면 사랑받는다. 먼저 찾아와 안기는 아이처럼 먼저 주님을 사랑한다고 고백해야 한다. 주님을 사랑하는 것이 내가 주님께로 가는 것이라면 주님을 사모하는 것은 주님이 내게로 오시도록 하는 것이다. 간절히 오랫동안 주님을 사모함으로써 주님이 내게 오시도록 해야 한다.

"하늘에 계신 주여, 내가 눈을 들어 주께 향하나이다. 종의 눈이 그 상전의 손을, 여종의 눈이 그 주모의 손을 바람 같이 우리 눈이 여호와, 우리 하나님을 바라며 우리를 긍휼히 여기시기를 기다리나이다(시 123:1~2)."

마치 변방에 오랫동안 나가 있는 장수가 미치도록 왕의 얼굴을 가까이에서 뵙고 싶어 하듯이 주님을 사모해야 한다. "내 영혼이 하나님 곧 생존하시는 하나님을 갈망하나니 내가 어느 때에 나아가서 하나님 앞에 뵈올꼬(시42:2)." 한 순간, 뜨겁게 사모하고 끝나는 것이 아니라 오랫동안 절절히 사모하는 것이어야 한다. "하나님이여, 사슴이 시냇물을 찾기에 갈급함 같이 내 영혼이 주를 찾기에 갈급하니이다(시42:1)." 주님을 사랑하고 사모할 뿐만 아니라 주님을 기쁘시게 해 드려야 한다. 주님의 말씀대로 순종하면 주님의 마음을 사게 된다. "나의 계명을 가지고 지키는 자라야 나를 사랑하는 자니 나를 사랑하는 자는 내 아버지께 사랑을 받을 것이요, 나도 그를 사랑하여 그에게 나를 나타내리라(요14:21)." 주님의 말씀대로 순종하면 주님의 사랑을 받게 된다.

주님의 영광이 임하면 길이 열린다. 돈도 붙고 사람도 붙는다. 실력이 모자라도 선택된다. 절세미녀, 와스디는 아하수에로 왕의 버림받았지만 포로여인, 에스더는 선택받았다(에1:19, 2:17). 주님의 영광이 에스더에게 임했기 때문이다. 주님의 영광이 임하면 나도 주인공이 될 수 있다. 어떡하면 주님의 영광이 임하게 할 수 있는가. 주님을 사랑하고 사모하고 기쁘시게 해 드리면 된다. 한 마디로 말해 주님을 향한 심보가 애절하고 고와야 한다. 이렇게 기도하자.

"제가 주님을 얼마나 사랑하는지 주님은 아십니까. 주님, 저를 잊으셨습니까. 저를 생각하시고 돌아보시고 쳐다보시고 심방하소서."

믿음을 시도하여 운명을 바꿔라

　알렉산더 대왕이 신하들에게 땅을 나눠줄 때였다. 공이 많은 장군들에게 이집트, 시리아, 마케도니아가 분배되기 시작했다. 리시마쿠스 장군은 평소 왕의 총애를 받지 못했다. 사람들은 그가 아무 것도 얻지 못할 것이라고 생각했다. 왕이 물었다.
　"리시마쿠스, 그대는 원하는 것이 없는가."
　사람들은 그가 사소한 것을 구할 줄로 알았다. 그러나 그의 대담한 요구에 사람들이 입을 다물지 못했다.
　"소아시아를 주십시오."
　왕이 다시 물었다.
　"리시마쿠스, 내가 소아시아를 줄 것이라고 그대는 믿었는가."
　"네, 그렇습니다."
　"그렇다면 내가 그대에게 소아시아를 주겠노라."

그렇게 해서 소아시아의 넓은 땅이 그에게 할당됐다.[46]

많은 사람들이 오해하는 게 있다. 대단한 기적을 일으키려면 큰 믿음이 있어야 한다는 것이다. 아니다. 단순한 믿음이 있기만 하면 큰 기적이 일어난다. 믿음의 대소보다 더 중요한 것이 진정한 믿음의 유무다. 겨자씨 한 알만한 믿음만 있어도 상상할 수 없는 일이 벌어진다.

믿음은 겉보기에는 별 차이가 없다. 그러나 믿음이 있는 자는 반드시 기적을 끌어당긴다. 제자들의 관심사는 믿음을 더 키우는 것이었다. 그러나 주님의 관심사는 제자들이 단순히 믿음을 갖는 것이었다. "사도들이 주께 여짜오되 우리에게 믿음을 더하소서 하니 주께서 가라사대 너희에게 겨자씨 한 알만한 믿음이 있었다면 이 뽕나무더러 뿌리가 뽑혀 바다에 심기우라 하였을 것이요, 그것이 너희에게 순종하였으리라(눅17:5~6)." 뽕나무가 뿌리째 뽑혀 바다에 심겨진다는 것은 상상속에나 가능한 일이다. 그러나 겨자씨 한 알만한 믿음이 있으면 현실이 된다. 과장법이 아니라 진리의 말씀이다.

우리는 자꾸 믿음을 키워 주시라고 기도하지만 주님은 믿음이 있느냐고 물으신다. 아무리 작아도 믿음이 있기만 하면 큰 기적이 일어나기 때문이다. "…할 수 있거든이 무슨 말이냐. 믿는 자에게는 능치 못할 일이 없느니라…(막9:23)." 우리의 기도가 바뀌어야 한다. 믿음을 더해 주시라는 기도가 아니라 그냥 단순한 믿음을 갖게 해 주시라는 기도를 해야 한다. 간질병자 아들을 둔 아버지의 외마디가 우리의 기도여야 한다. "…그 아이의 아비가 소리를 질러 가로되 내가 믿나이다. 나의 믿음 없는 것을 도와주소서(막9:24)." 믿음이 있으면 큰 일이 일

---

46) 김주영, 「꿈을 이루게 하는 101가지 성공노트」(백만문화사, 2004) 163~64면 참조.

어난다. 그렇기 때문에 우리가 재확인해야 하는 것은 믿음의 대소가 아니라 믿음의 유무다.

정말 우리의 문제는 믿음이 없다는 것이다. 실컷 기도하지만 믿지 못한다. 어쩌다 응답이 되면 깜짝 놀란다. 믿음의 대소와 무관하게 단순히 믿음이 있기만 하면 주님은 그 믿음을 보시고 기적을 베푸셨다. "예수께서 저희의 믿음을 보시고 중풍병자에게 이르시되 소자야, 네 죄 사함을 받았느니라 하시니(막2:5)." "예수께서 백부장에게 이르시되 네 믿은 대로 될지어다 하시니 그 시로 하인이 나으니라(마8:13)." "예수께서 여자에게 이르시되 네 믿음이 너를 구원하였으니 평안히 가라 하시니라(눅7:50)." 주님이 요구하시는 것은 큰 믿음이 아니다. 그냥 단순한 믿음을 갖는 것이다. 큰 믿음이 아니라도 괜찮다. 믿음이 있기만 하면 산을 옮길 수 있다. 믿고 기도한 대로 살게 된다. "예수께서 대답하여 저희에게 이르시되 하나님을 믿으라. 내가 진실로 너희에게 이르노니 누구든지 이 산더러 들리어 바다에 던지우라 하며 그 말하는 것이 이룰 줄 믿고 마음에 의심치 아니하면 그대로 되리라. 그러므로 내가 너희에게 말하노니 무엇이든지 기도하고 구하는 것은 받은 줄로 믿으라. 그리하면 너희에게 그대로 되리라(막11:22~24)." 겨자씨 한 알만한 믿음이라도 있으면 가만히 있지 않고 시도하게 된다.

테레사 수녀가 가진 것이라고는 동전 몇 닢뿐이었다. 그러나 주님을 믿었기에 고아사역을 시도할 수 있었다. 그리고 하루하루 인내함으로써 마침내 세계를 감동시키는, 고아사역의 큰 열매를 맺을 수 있었다.

주님의 첫째 성도는 주님을 잉태한 어머니 마리아였다. 곧 둘째 성도가 생겼다. 잉태된 주님을 영접한 세례자 요한의 어머니, 엘리사벳이었다. 세계를 구원해야 하는 주님의 사명도 이렇게 한 사람씩 얻어가는 인내가 필요했다. 내 영혼을 구원하는 데도 믿음의 인내가 있어야 한다. 믿음의 시도만으로는 안 된다. "너희 인내로 너희 영혼을 얻으리라(눅21:19)." 겨자씨 한 알이 자라서 새들이 깃들이는 큰 나무가 되려면 많은 시간을 인내해야 한다.

주님이 오심으로 겨자씨 한 알처럼 시작된 이 땅의 하나님 나라는 지금까지 자라고 있다. 인내 없이는 성장도, 결실도 없다. 칠년을 수일처럼 인내한 야곱처럼(창29:20), 천년을 하루 같이 인내하시는 하나님처럼(벧후3:8) 우리도 인내로 성장하고 결실해야 한다. 열매는 신앙과 인생의 목적인데 인내가 그것을 가능하게 한다. "너희에게 인내가 필요함은 너희가 하나님의 뜻을 행한 후에 약속을 받기 위함이라(히10:36)." "우리가 선을 행하되 낙심하지 말지니 피곤하지 아니하면 때가 이르매 거두리라(갈6:9)." "눈물을 흘리며 씨를 뿌리는 자는 기쁨으로 거두리로다. 울며 씨를 뿌리러 나가는 자는 정녕 기쁨으로 그 단을 가지고 돌아오리로다(시126:5~6)."

시작하는 곳에 믿음이 있다. 시작이 반이다. 시작하면 끝이 온다. 마차에서 떨어지면 또 타면 된다. 그러다 보면 언젠가 목적지에 당도하게 될 것이다. 믿음으로 시도하고 인내하고 결실하자.

전기 사용량이 5만 명의 도시와 맞먹는 고층빌딩에서 근무할 때였다. 퇴근 후에도 복도마다 불이 훤히 켜져 있곤 했다. 아까운 마음에

한 층이라도 불을 끄려고 애쓰면서도 허탈감이 생겼다. '서민들은 백열전등 하나라도 아끼는데 이것이 무슨 소용이 있단 말인가.' 가진 사람들은 펑펑 쓰면서도 양심의 가책을 안 느끼는데, 서민들은 아껴 쓰면서도 양심의 가책을 느끼는 것 같다. 가진 사람들의 낭비는 비난받아 마땅하겠지만, 서민들의 소심한 마음도 칭찬꺼리는 못된다. 마음을 키워야 한다. 심사가 만사를 결정하기 때문이다.

풍족하게 얻고도 아무 거리낌 없이 더 구하는 사람이 있는가 하면 조금 얻고도 더 구할라치면 양심의 가책을 느끼는 사람이 있다. 전자는 무례하고 후자는 착하다고 평가하기 쉽다. 그렇지 않다. 주님은 우리더러 적극성을 넘어 공격성을 가지라고 말씀하신다(마11:12). 구약성경에는 공격성을 가진 사람들의 이야기로 가득하다. 야곱은 타고 난 차남의 운명을 거부했다. 그는 굳어진 판의 뒤집기를 감행하는 혁명가였다. 당시 장자권은 기득권 중의 기득권이었다. 그는 장자권의 결핍을 심하게 느꼈다. 결핍을 뒤집으면 꿈이 되고 목표가 된다. 어릴 때, 밥을 굶어본 사람이 커서 식당사업을 하지 않는가. 그는 형의 장자권을 공격했다. 야비하게 형이 허기진 틈새를 노리고 팥죽 한 그릇에 장자권 매입을 시도하는가 하면, 형에게로 돌아갈 장자축복을 눈 먼 아버지로부터 가로챘다. 굳어진 판을 뒤집고 새 판을 짜려는 혁명가는 기득권을 고수하려는 세력으로부터 살해위협을 당하게 된다.

그는 형의 살기를 피해 도망자가 된다. 본의 아니게 타향에서 20년의 처가살이를 하지만 결국, 그는 승리를 거둔다. 그는 할아버지 아브라함의 실질적인 장손이 됐고 아버지 이삭의 실질적인 장남이 됐다. 그리고 그의 4남 유다는 이스라엘 12지파의 영적인 장자, 그의 11남 요셉은 이스라엘 12지파의 정치적인 장자가 됐다고 해석할 수 있겠다. 우리는 그의 영적인 후손인 셈이다.

요셉은 친어머니를 일찍 여의고 열명의 이복형들 틈에서 어린 동생까지 돌봐야 했다. 그는 형들한테 구박받을 때마다 장자권의 결핍을 느꼈을 것이다. 결핍을 채우고자 하는 것이 꿈이고 목표다. 형들이 그에게 절한다는 꿈은 그의 잠재의식에 대한 하나님의 응답이었지 않을까. 기득권자들은 혁명을 꿈꾸는 사람을 죽이려고 한다. 형들은 그를 죽이려다가 외국에 노예로 판다. 파란만장한 우여곡절을 겪지만 그도 마침내 장자권을 확보한다. 그의 두 아들이 할아버지의 두 아들로 편입돼 장자의 두 몫을 차지한 것이다. 원래 야곱의 아들은 12명이었지만 그 대신에 그의 두 아들이 야곱의 두 아들로 입양되는 바람에 13명이 됐다.

다말은 남편이 장자였기에 장자가문을 세우는 꿈에 부풀었지만 남편이 일찍 죽는 바람에 좌절을 경험한다. 시동생이 있었지만 그로부터 아들을 얻을 수 없었고 그마저 죽고 만다. 시동생이 하나 더 있었지만 시아버지가 그녀에게 허락하지 않는다. 그녀는 아들이 없는 청상과부의 운명을 거부하고 숫제 시아버지를 속임수로 공격해 아들을 잉태한다. 화형을 당할 위기가 있었지만 그녀는 슬기롭게 극복하고 장자가문을 세우는 데 성공한다.

한나의 결핍은 장자를 낳지 못하고 장자가문을 세우지 못하는 것이었다. 그녀는 그 결핍을 채우기 위해 낳지도 않은 아들의 인생을 하나님께 담보물로 잡히고 서원기도를 드렸다. 너무 간절하게 기도하다 보니 술에 취했다는 오해도 받았지만 하나님은 그녀의 간청을 허락하셨다. 그녀는 기도공격을 통해 장자를 얻을 수 있었다. 남성위주의 옛 사회에서도 적극적인 공세를 벌인 여성들이 승리한 사례는 무수히 많다.

삼국통일의 대업을 이룬 신라의 명장, 김유신(595~673)에게는 두 여동생이 있었다. 어느 날 첫째 여동생 보희가 꿈을 꾸었다. 산에 올라가 소변을 보는데 자신의 소변이 서라벌을 온통 뒤덮는 꿈이었다. 여동생 문희가 걱정거리가 있냐고 묻자 보희는 꿈을 이야기 하며 울상을 지었다. 문희는 보희를 위로하며 비단치마 한 벌에 그 꿈을 샀다.

얼마 후 정월 대보름이 되자 오빠 김유신이 친구 김춘추와 집 앞에서 공을 차다가 일부러 김춘주의 옷단을 밟아 떨어뜨렸다. 그리고는 친구를 억지로 자기 집에 데려가 옷단을 달자고 했다. 보희에게 옷깃을 달아드리라고 부탁했지만 아무리 오빠 친구라도 그럴 수 없다며 거절했다. 문희에게 가자 친구의 옷깃을 정성껏 달아드렸다. 결국 둘은 사랑에 빠져 결혼했다. 그 후 김춘추는 태종무열왕이 됐고 문희는 문명왕후가 돼 문무왕, 김인문 등 훌륭한 인물을 여섯이나 낳았다.

동일한 꿈이 소극적인 여성에게는 흉몽이었지만 적극적인 여성에게는 천하의 길몽이었던 것이다. 사실도 중요하지만 그것을 해석하는 태도가 더 중요한 것이다. 나빠 보이는 것을 좋은 것으로 바꾸고 결핍을 충만으로 바꾸는 적극성이 요구된다.

야베스의 결핍도 장자권이었다고 해석할 수 있다. 그는 자신의 그런 결핍을 채우는 기도목표를 가졌다. 한 마디로 말해 그것은 우환이 없는 부자로 살고 싶다는 것이었다. 하나님께서 그의 적극적인 기도에 응답하셨고 그는 형제보다 존귀한 사람이 됐다. 그것은 그가 자기 집안에서 실제적인 장자노릇을 했다는 뜻이 아니겠는가. 한 번뿐인 우리 인생을 귀하게 생각하고 적극적인 공세를 펼치는 사람을 하나님은 귀하게 보시는 듯하다. 특히 파렴치하게 장자권을 강탈하려 했던 야곱을 보면 더욱 그런 것 같다.

신약성경에도 공격적인 이야기들이 풍성하다. 지붕을 뚫고 병자를 예수님 앞으로 달아 내린 사람들, 뒤로 새치기해서 예수님의 옷자락을 만진 혈루증 여인, 고함쳐 예수님을 불러 세운 바디매오, 개면 어떠냐며 예수님께 부스러기라도 달라던 수로보니게 여인은 적극적이라기보다는 공격적이다. 성경은 배가 고팠기에 공격적이었던 사람들에게 주목한다. 법이 없어도 살 수 있는 사람들이 아니라 심하다 싶을 정도로 공격적인 사람들에게 성경은 지면을 할애한다. 믿음에 공격적인 속성이 있기 때문일 것이다. 믿음은 공격하는 것이요(마11:12), 산을 옮기는 것이요(막11:23), 모험하는 것이요(히11:8), 전진하는 것이다(히10:38).

2002년 월드컵축구로 한국팀은 사상 처음 16강에 진출했다. 그러나 히딩크 감독은 아직도 배고프다고 말했다. 정말 우리는 아직도 배고프다. 주님의 거룩함에 배고프고 주님의 사랑에 배고프다. 주님의 영광에 배고프고 주님의 축복에 배고프다. 그리고 명실상부한 장자권에 배고프다. 배고픈 사자가 사냥하고 목마른 사람이 우물을 판다. 결핍을 강하게 느끼고 그 결핍을 위대한 목표로 승화시켜라.

우리의 마음이 쪼그라들면 안 되겠다. 적은 것을 구하고도 양심의 가책을 받는다면 어찌 큰 것을 구할 수 있겠는가. 많이 얻고도 더 달라고 할 수 있도록 마음을 넓혀야 한다. 마음을 넓히지 않을 이유가 없다. 우리는 왕의 후예요, 제사장의 후예이기 때문이다. "오직 너희는…왕 같은 제사장들이요…(벧전2:9)." 왕은 백성들을 품고 섬기고 다스린다. 제사장은 백성들을 품고 섬기고 축복한다. 왕도, 제사장도 마음이 크고 넓고 풍족하다. 왕처럼, 제사장처럼 우리의 마음을 넓혀야 한다. 심사가 만사를 좌우한다. 그렇기 때문에 우리는 끊임없이 마음을 키워야 하는 것이다.

우리는 예수님을 믿고 예수님은 그리스도이시다(눅2:11). 그리스도는 '기름 부음을 받은 자'라는 뜻인데 구약시대에 공개적으로 기름 부음을 받은 자는 왕(삼상16:13)과 제사장(출28:41)뿐이었다. 예수님은 아론 계보가 아니라 멜기세덱 계보이시다(히7:15). 멜기세덱은 왕이요, 제사장이었다(창14:18). 다윗 왕도 아론 계열이 아니라 멜기세덱 계열로서 백성을 축복하는 제사장 직분을 수행하기도 했다(삼하6:17~8). 그러니까 예수님은 멜기세덱과 다윗의 계보를 좇은 '왕 제사장' 곧 그리스도이시다.

이 예수님을 믿는 우리도 예수님의 영 곧, 성령 하나님의 기름 부음을 받았기에 왕 같은 제사장이다. 이것이 예수님께서 우리에게 주신 신분이다. 우리는 구걸하지 말아야 한다. 백성을 품고 섬기고 다스리는 왕권과 백성을 품고 섬기고 축복하는 제사장권을 활용해야 한다. 우리는 참 왕이시요, 참 제사장이신 예수님을 믿기에 참 왕의 이름, 참 제사장의 이름을 활용할 수 있게 됐다(요14:14). 특권 중의 특권이다. 예수님의 이름은 권능이다. 우리가 예수님의 이름으로 구걸한다면 그 이름을 망령되게 일컫는 것이다. 우리는 예수님의 이름으로 축복하고 호령해야 한다.

"예수님의 이름으로 축복하노니 평안할지어다. 형통할지어다. 번성할지어다. 충만할지어다. 예수 이름으로 명하노니 귀신아, 질병아, 물러가라. 산아, 문제야, 떠나가라. 파도야, 고난아, 잠잠하라. 바다야, 갈라져라. 성아, 무너져라. 재물아, 오라."

운명이 버거운가. 그렇다면 그것을 바꿔라. 판이 마음에 안 드는가. 그렇다면 그것을 갈아라. 길이 없는가. 그렇다면 길을 만들어라. 믿음으로 장자권을 공격하고 그것을 차지하라. 그래서 예수님의 이름에 영광을 돌려라.

끝까지 신뢰하라

 구한말에 김옥균(1851~1894)은 조선을 개화시키려고 만 33세에 갑신정변을 일으켰다. 개화된 일본을 세 번씩이나 다녀온 그의 눈에 비친 조선은 미개국이나 다름없었다. 하지만 조선은 스스로 개화할 수 있는 힘이 전혀 없었다. 청나라를 섬기던 사대파의 틈바구니 속에서 그가 이끌던 개화파는 치욕스럽지만 부득이하게 일본의 힘을 등에 업고 혁명을 일으킬 수밖에 없었다.

 처음에 개화파의 혁명을 도왔던 일본군이 슬그머니 꼬리를 내리고 청나라 군대의 개입으로 갑신정변은 3일 천하로 끝났다. 그는 일본정부에 의해 35세에 오가사와라 섬으로 추방됐다가 홋카이도로 옮겨진 후, 39세에 비로소 자유의 몸이 됐다. 그러나 조선정부는 후환이 두려워 끊임없이 자객을 보내 그의 목숨을 노렸다. 결국 그는 청나라로 유인당해 갔다가 상하이에서 43세의 짧은 나이에 암살됐고 그로써 8년간의 망명생활에 막을 내렸다. 그토록 조국을 사랑했던 대가는 추방, 유배, 암살이었다. 실로 그는 자기 시대의 풍운아였다.

그를 중심으로 조선을 개화시키고자 했던 홍영식(1855~1884)은 만 29세, 서광범(1859~1897)은 만 25세, 박영효(1861~1939)는 만 23세, 서재필(1864~1951)은 만 20세였다. 막내 서재필은 과거에 급제한 뒤 2년 만에 거사에 가담했다가 부모형제, 처자식을 다 잃어야 했다. 그는 서광범, 박영효와 함께 미국으로 망명해 막일을 전전하다가 미국사업가 홀렌백의 눈에 들어 공부할 수 있게 됐다. 그는 28세에 조지워싱턴 대학교 의학부를 졸업하고 한인 최초로 의학사가 됐다.

조국을 등진 지 11년 만에 귀국해 독립신문을 창간하고 독립협회를 창립하는 등 조국의 독립을 위해 심혈을 쏟았다. 선비들이 청나라를 섬기는 사대주의를 조선의 명예로 여길 때, 그는 자주독립을 외쳤다. 그는 또한 반상의 차별이 없이 모든 인간이 태어날 때부터 평등하다는 민주주의 개념을 조선 땅에 처음으로 가져다주었다.[47] 그는 당대 최고의 개화국, 미국을 넘나들며 조국의 개화를 위해 평생을 바쳤다.

19세기 말에 조국의 개화를 위해 몸부림쳤던 개화파 인물들의 파란만장했던 인생역정을 훑으면서 '21세기 초를 사는 내가 조국의 장래를 위해 무엇을 해야 할 것인가' 하고 고민하게 된다. 시대의 어둠이 깊어가는 듯하다. 북한은 인권탄압, 기아, 미국의 공격위협에 시달리고 있고 남한은 좌우파간 대립, 빈부격차, 북한의 핵위협에 시달리고 있다. 중국과 러시아의 대륙세력, 그리고 미국과 일본의 해양세력은 자신의

---

47) 이정식. 「구한말의 개혁 · 독립투사 서재필」(서울대학교출판부. 2003). 373~377면 참조.

이익을 위해 남북한 분열을 고착화하고 있다. 그런데도 시대의 어둠을 헤쳐 나갈 지도력은 분명하지 않고 국민정신도 박약하다.

하지만 주위와 환경을 탓하는 철부지로 머물러서는 안 되겠다. 국민 스스로가 자기 지도력을 길러야 한다. 자주, 자습, 자립, 자력, 자강할 수 있어야 한다. 좌파가 주장하는 자주노선이나 반미를 외치자는 게 결코 아니다. 국민 스스로의 힘을 키워야 한다는 뜻이다. 맨 주먹으로 몽골제국을 일으켰던 칭기즈칸의 자강정신을 배울 수 있으면 좋겠다.

"집안이 나쁘다고 탓하지 마라. 나는 아홉 살 때, 아버지를 잃고 마을에서 쫓겨났다. 가난하다고 말하지 마라. 나는 들쥐를 잡아먹으면서 연명했고 목숨을 건 전쟁이 내 직업이고 내 일이었다. 작은 나라에서 태어났다고 말하지 마라. 그림자 말고는 친구도 없고 병사는 10만 명, 백성은 어린애와 노인까지 합쳐 200만 명도 되지 않았다. 배운 게 없다고, 힘이 없다고 탓하지 마라. 나는 내 이름도 쓸 줄 몰랐으나 남의 말에 귀 기울이면서 현명해지는 법을 배웠다. 너무 막막하다고, 그래서 포기해야겠다고 말하지 마라. 나는 목에 칼을 쓰고도 탈출했고 뺨에 화살을 맞고 죽었다가 살아나기도 했다. 원수는 밖에 있는 것이 아니라 내 안에 있었다. 나는 내게 거추장스러운 것은 깡그리 쓸어버렸다. 나를 극복하자 나는 칭기즈칸이 되었다."

남을 탓하지 않고 환경을 탓하지 않고 자기 안의 원수, 곧 자기 자신을 극복하자 환경은 물론 시대까지 극복하는 영웅이 될 수 있었다. 시대의 어둠이 깊을수록 자기 지도력이 절실하다. 아무도 내 인생, 내 조국을 책임지지 않는다. 자립하고 자강해야 한다.

맨 주먹의 영웅, 이순신의 말이다.

"집안이 나쁘다고 탓하지 마라. 나는 몰락한 역적의 가문에서 태어나 가난 때문에 외갓집에서 자랐다. 머리가 나쁘다고 말하지 마라. 나는 첫 시험에서 낙방하고 서른둘의 늦은 나이에 과거에 급제했다. 좋은 직위가 아니라고 불평하지 마라. 나는 14년 동안 말단 수비 장교로 변방오지를 돌았다. 윗사람의 지시라서 어쩔 수 없다고 말하지 마라. 나는 불의한 직속상관들과의 불화로 수차례 파면을 당했다. 몸이 약하다고 고민하지 마라. 나는 평생 고질적인 위장병과 전염병으로 고통 받았다. 기회가 주어지지 않는다고 불평하지 마라. 나는 적군의 침입으로 나라가 위태로워진 후 마흔 일곱에 제독이 됐다. 조직의 지원이 없다고 실망하지 마라. 나는 스스로 논밭을 갈아 군자금을 만들었고 스물세 번 싸워 스물세 번 이겼다. 윗사람이 알아주지 않는다고 불만하지 마라. 나는 임금의 끊임없는 오해와 의심으로 모든 공을 뺏긴 채 옥살이를 해야 했다. 자본이 없다고 절망하지 마라. 나는 빈손으로 돌아온 전쟁터에서 열두 척의 낡은 배로 133척의 적을 막았다. 옳지 못한 방법을 쓰면서 가족을 사랑한다고 말하지 마라. 나는 스무 살의 아들을 적의 칼날에 잃었고 또 다른 아들들과 함께 전쟁터로 나섰다. 죽음이 두렵다고 말하지 마라. 나는 적들이 물러가는 마지막 전투에서 스스로 죽음을 택했다."[48]

사는 것은 기죽는 일의 연속이다. 기죽지 않으려고 해도 기죽기 십상이다. 그렇기 때문에 우리는 지레 기죽지 말고 항상 믿음을 선택하고 강해져야 한다. 우리가 믿는 하나님이 창조주 하나님이시지 않는

---

48) 김덕수, 「맨 주먹의 CEO 이순신에게 배워라」(밀리언 하우스, 2004) 참조.

가. 하나님은 없는 것을 있게 하시고 안 되는 것을 되게 하시며, 멈춘 것을 가게 하신다. 죽은 자를 살리시고 광야에 길을 내시고 물을 포도주로 만드신다. 우리는 창조주 하나님을 믿기에 그 어떠한 환경에서도 좌절하지 않고 오뚝이처럼 일어설 수 있다. "내가 비천에 처할 줄도 알고 풍부에 처할 줄도 알아 모든 일에 배부르며 배고픔과 풍부와 궁핍에도 일체의 비결을 배웠노라. 내게 능력 주시는 자 안에서 내가 모든 것을 할 수 있느니라(빌4:12~3)." 아무리 안 좋은 환경일지라도 전능하신 주님을 믿기에 모든 것이 가능하다.

승리체질이 아니라고 말하지 마라. 누구나 승리체질이 될 수 있다. 좌절할 기회는 언제 어디에나 있다. 우리는 좌절하는 기회를 선택하지 말고 주님을 신뢰하는 기회를 선택해야 한다. 최후의 순간까지 주님을 신뢰하려면 희생도 각오해야 한다. 주님을 신뢰한다는 것이 항상 현세의 축복을 보장하지는 않는다.

주님은 거라사 지방의 난폭한 광인을 고쳐주셨다. 그를 사로잡고 있던 군단급 귀신 떼를 다 몰아내신 것이다. 그러나 거라사 주민들에게 좋지 않은 일도 발생했다. 그에게 들어가 있던 귀신들이 돼지 떼로 옮기자 2천 마리나 되던 돼지들이 비탈로 내리달려 바다에 빠져 몰사하고 만 것이다. 엄청난 재산피해다. 주님이 침투해 들어오시자 재정손실이 발생한 것이다.

종종 주님의 침투는 현재의 안정을 파괴한다. 그래도 주님을 영접하고 믿을 것인가? 거라사 주민들은 주님더러 떠나 주시라고 요구한다(막5:1~7). 더 이상 현세적인 손해를 안 보겠다는 것이다. 충분히 예상

되는 수순이다. 주님을 영접하고 믿어서 현세적인 피해를 보는데도 믿을 사람이 있겠는가. 있다. 그는 현세적인 축복에 초점을 맞추지 않고 주님 그 자신에게 초점을 맞춘다. "…너희는 나를 누구라 하느냐(마 16:15)." 주님은 주님 자신의 정체에 대해 제자들이 얼마나 관심을 갖는가를 물으신다. "…저가 뉘기에 바람과 바다라도 순종하는고…(막 4:41)." 진정으로 믿는 자에게는 주님의 정체가 과연 무엇인가가 아주 중요하다. 현세적인 축복은 후순위이다. 이렇게 주님 그 자신에게 초점을 맞추는 사람을 세상은 감당할 수 없다.

폴리캅은 사도 요한의 제자로서 '서머나교회'를 지도했다. 그가 86세 때, 로마의 젊은 집정관이 그를 회유했다.

"당신 같은 노인을 처형하고 싶지 않소. 오늘 단 한 번만 예수를 부인하시오. 나중에 당신이 예수를 믿든지, 말든지 그것은 당신의 자유요. 지금 한 번만 공개적으로 예수를 부인하고 황제에게 경배하시오. 그러면 당신을 살려 주겠소."

그러자 그가 대답한다.

"당신의 호의는 고맙습니다. 그러나 내가 그리스도를 섬긴 86년 동안 그 분은 항상 나에게 선한 것만 베풀어 주셨습니다. 그런데 지금 내가 어찌 나를 구속하신 나의 왕, 나의 주를 부인할 수 있겠습니까."

그는 하늘을 우러러 감사기도를 드렸다.

"하나님 아버지, 나에게 순교의 관을 씌워 주시고 주님을 위해 죽을 수 있게 해 주시니 감사합니다. 아버지, 내 영혼을 받아 주옵소서."

그는 화형을 당하는 그 순간에도 주님을 부인하지 않았다. 최후의 순간까지 주님을 신뢰하는 것, 이것이 믿음이다. 진정한 믿음은 현세적인 축복의 유무에 좌우되지 않는다.

복음의 핵심도 그렇다. 무엇이 복음의 핵심인가. 주님을 믿기에 죄 사함을 받았다는 것이다. "우리가 그리스도 예수 안에서 그의 은혜의 풍성함을 따라 그의 피로 말미암아 구속 곧 죄 사함을 받았으니(엡1:7)." 내가 의롭게 살고 착한 일을 해서 의로워지는 것이 아니라 주님을 믿음으로 말미암아 주님의 피로 죄 사함을 받고 하나님이 하나님 자신의 의를 주시기에(롬1:17) 의로워지는 것이다. 복음의 핵심은 첫째로 믿기에 죄 사함을 받았다는 것이요, 둘째로 믿기에 영생을 얻었다는 것이다. "죄의 삯은 사망이요, 하나님의 은사는 그리스도 예수, 우리 주 안에 있는 영생이니라(롬6:23)."

죄의 삯은 사망인데 첫째 사망은 육체사망이요, 둘째 사망은 영혼사망이다(계21:8). 주님이 이 세상에 오셔서 십자가 형벌을 당하시고 피 흘려 돌아가신 것은 육체사망을 면하게 하시려는 것이기보다는 영혼사망을 면하게 하시려는 것이었다.

영혼사망이 무엇인가. 육체사망이 육체소멸이듯이 영혼사망은 영혼소멸인가? 아니다. 영혼사망은 영벌이다(마25:46, 막9:48~9). 진정한 믿음은 현세적인 축복의 유무에 좌우되지 않는다. 복음의 핵심도 마찬가지이다. 우리가 복음의 핵심, 그리고 진정한 믿음으로 무장한다면 천하무적이 될 것이다. 주님을 믿어서 현세적인 손해를 본다고 해도, 현세적인 생명을 잃는다고 해도 내세의 영원한 상급, 내세의 영원한 생명을 위해 최후의 순간까지 주님을 신뢰할 것이기 때문이다.

진정한 믿음은 무엇인가. 죄 사함(엡1:7), 의로움(롬1:17), 구원(엡 2:8), 영생(롬6:23)을 얻기 위해 끝까지 주님을 신뢰하는 것이다. 진정한 믿음을 가진 사람은 현세적인 어려움이 있어도, 현세적인 축복이 없어도 주님 그 자신께 집중하고 주님과의 관계를 심화시킨다. 그렇기 때문에 이 세상의 그 어떤 것도 그를 좌절시킬 수 없다. "이런 사람은 세상이 감당치 못하도다…(히11:38)."

끝까지 주님을 신뢰한다는 것, 그것은 어떠한 환경에서도 주님을 바라보고 주님과 함께 앞으로 나아가는 것이다. 내일 죽는다 하더라도 오늘 영적인 진보가 있어야 하겠다. 끝까지 주님을 신뢰하자.

주님과 맞장구를 쳐라

모세는 자신을 반벙어리처럼 생각했다. 그러나 하나님은 이스라엘 민족을 애굽의 노예상태에서 해방시킨 민족의 지도자로 그를 삼으셨다. 오럴 로버츠 목사님도 반벙어리였지만 하나님이 혀를 풀어주시자 수백만 명에게 복음을 전하는 부흥사가 됐다. 이단시비에 시달리긴 하지만 베니힌 목사님도 그랬다. 영국수상 처칠 역시 언어장애자였으나 2차 세계대전을 승리로 이끈, 탁월한 정치연설가 중 한 사람이었다. GE의 전 회장, 잭 웰치는 어렸을 적에 우둔한 말더듬이였다. 그럼에도 불구하고 그는 한 시대를 호령한 최고경영자로 손꼽힌다. 우리나라에서 명설교가로 불리는 곽선희 목사님도 청소년시절에 말을 상당히 더듬었다고 한다.

마른 막대기 같은 사람도 하나님을 만나면 꽃피는 인생을 살 수 있다. 우리가 믿는 하나님은 창조주이시다. 없는 것을 있게 하시고 죽은 자를 살리신다(롬4:17). 90세 할머니 사라가 아이를 낳을 수 있게 하신다. 처녀 마리아가 잉태하여 아들을 낳게 하신다(눅1:37~38). 하나님의 모든 말씀은 능치 못하심이 없다. 낙타를 바늘귀로 들어가게 하실 수 있다(마19:26). 돌들로도 아브라함의 자손이 되게 하실 수 있다(마3:9). 광야에 길을, 사막에 강을 내실 수 있다(사43:19). 사람은 할 수 없어도 하나님으로서는 다 하실 수 있다. 우리가 믿는 하나님은 안 되는 것을 되게 하시고 닫힌 것을 여시고 맺힌 것을 푸시고 멈춘 것을 가게 하시는 창조주이시다. 하나님은 무엇이든 다 하실 수 있다. "주께서는 무소불능하시오며 무슨 경영이든지 못 이루실 것이 없는 줄 아오니(욥42:2)." 하나님은 무엇이든지 미리 다 아실 수 있다. "누가 나와 같으냐. 나서서 말해 보아라. 누가 처음에 장래의 일을 미리 들려주었느냐. 앞으로 될 일을 우리에게 말해라(사44:7)."

우리는 이런 하나님과 줄탁동기(口卒啄同機)를 해야 한다. 줄탁동기란 알속의 병아리가 안에서 쪼면 어미닭도 밖에서 쪼아 부화를 돕는 것을 말한다. 이처럼 우리가 안에서 쪼면 하나님도 밖에서 쪼아주셔서 목표가 성취된다. 그렇다면 우리가 쫀다는 게 뭘까. 전지전능하신 하나님을 믿고 기도하고 행하는 것이다.

첫째로 하나님을 믿어야 한다. 믿지 않으면 굳게 설 수 없다(사7:9). "…하나님을 믿으라… 누구든지 이 산더러 들리어 바다에 던지우라 하며 그 말하는 것이 이룰 줄로 믿고 마음에 의심치 아니하면 그대로 되리라(막11:22~23)." "…할 수 있거든이 무슨 말이냐. 믿는 자에게는 능치 못할 일이 없느니라…(막9:23)." 울타리가 없는 운동장에서는 아이들이 중앙에서만 논다. 하지만 울타리가 있는 운동장에서는 운동장 전체를 사용한다. 하나님은 우리의 영원한 울타리가 되신다. "여호와는… 그 인자하심을 바라는 자를 살피사… 저희를 기근시에 살게 하시는도다(시33:18~19)." "천인이 네 곁에서, 만인이 네 우편에서 엎드러지나 이 재앙이 네게 가까이 못하리로다(시91:7)." "젊은 사자는 궁핍하여 주릴지라도 여호와를 찾는 자는 모든 좋은 것에 부족함이 없으리로다(시34:10)." 어떤 위험에서도 우리를 보호하는, 영원한 울타리가 되시는 하나님을 믿으면 도전정신, 모험정신, 개척정신, 창의성을 가지고 끝까지 가 볼 수 있다. 과거에 우리를 온갖 위험에서 구해 주신 하나님은 지금도 구해 주시고 앞으로도 구해 주실 것이다. "그가 이같이 큰 사망에서 우리를 건지셨고 또 건지시리라. 또한 이후에라도 건지시기를 그를 의지하여 바라노라(고후1:10)."

둘째로 믿고 기도해야 한다. "일을 행하는 여호와, 그것을 지어 성취하는 여호와, 그 이름을 여호와라 하는 자가 이같이 이르노라. 너는 내게 부르짖으라. 내가 네게 응답하겠고 네가 알지 못하는 크고 비밀한 일을 네게 보이리라(렘33:2~3)." 우리가 기도하면 기도한 그것뿐만 아니라 크고 비밀한 것까지도 응답받는다. 점집이 아니라 하나님을 찾아야 한다. 하나님을 찾으면 크고 비밀한 장래까지도 알 수 있다. 즉답을 못 받아도 하나님께 구하면 좋은 미래를 만들어 주시는 것이다. 그런데도 구하지 않겠다는 사람이 있다. "너는 네 하나님 여호와께 한 징조를 구하되 깊은 데서든지, 높은 데서든지 구하라. 아하스가 가로되 나는 구하지 아니하겠나이다. 나는 여호와를 시험치 아니하겠나이다…(사7:11~12)." 그의 본심은 이미 다른 방책을 정해놓았는데 하나님께 구할 필요가 뭐 있겠느냐는 것이다. 그러나 하나님을 구하면 형통하고 구하지 않으면 불통이다. "저가 여호와를 구할 동안에는 하나님이 형통케 하셨더라(대하26:5).""…여호와를 찾지 아니하므로 형통치 못하며…(렘10:21)."

구하는 것 자체가 하나님께 영광이 될 수 있다. "너희가 내 이름으로 무엇을 구하든지 내가 시행하리니 이는 아버지로 하여금 아들을 인하여 영광을 얻으시게 하려 함이라(요14:13)." 우리가 주님의 이름으로 구하는 기도만으로도 하나님을 영화롭게 해 드릴 수 있다는 것이다. 주님의 이름으로 기도하는 것은 단순히 주문을 외우는 것이 아니다. 주님은 우리에게 그 이름을 주시려고 십자가의 온갖 고난을 당하셔야 했다. 주님의 이름에 십자가 고난의 놀라운 능력이 담겨 있다. 그렇기에 우리가 주님의 이름으로 기도하면 하나님께 영광이 되는 것이다.

어찌 보면 기도는 행함이다. "…나 여호와가 말하였으니 이루리라…그래도 이스라엘 족속이 이와 같이 자기들에게 이루어 주시기를 구하여야 할지라…(겔36:36~37)." 하나님의 약속을 믿을 뿐만 아니라 기도함으로써 그 약속을 성취하게 해야 한다는 것이다. 이런 맥락에서 볼 때, 기도는 일종의 행함이다.

셋째로 믿고 기도하고 행해야 한다. '믿습니다' 하고 가만히 있는 게 아니라 전진해야(히10:38) 한다. 손에 쟁기를 잡은 자는 뒤를 돌아보지 않는다고(눅9:62) 했다. 후퇴하지 말고, 머뭇거리지 말고, 주저하지 말고, 우물쭈물하지 말고, 기연가미연가 하지 말고 계속 전진해야 한다.

'믿습니다' 하고 가만히 있는 게 아니라 약속의 말씀을 짊어지고 문제의 요단강에 발을 들여 놓아야 한다. "…궤를 맨 제사장들의 발이 물가에 잠기자 곧 위에서부터 흘러내리던 물이 그쳐서… 온전히 끊어지매…(수3:15~16)." '믿습니다' 하고 가만히 있는 게 아니라 문제의 담장을 뛰어넘어야 한다. "…내 하나님을 의지하고 담을 뛰어넘나이다(시18:29)." '믿습니다' 하고 가만히 있는 게 아니라 문제의 여리고성을 돌고 또 돌아야 한다. 무너질 때까지 돌아야 한다.

'믿습니다' 하고 가만히 있는 게 아니라 전심전력해서 발전해야 한다. "이 모든 일에 전심전력하여 너의 진보를 모든 사람에게 나타나게 하라(딤전4:15)."

외아들을 주신 하나님은 외아들과 함께 모든 좋은 것을 선물로 주고 싶어 하신다(롬8:32). 우리는 이 하나님의 바람에 믿음과 기도와 행함으로 맞장구쳐야 한다. "구하라, 그러면 너희에게 주실 것이요, 찾으라, 그러면 찾을 것이요, 문을 두드리라, 그러면 너희에게 열릴 것이니(마7:7)." 믿고 구하고 찾고 두드림으로써 우리는 전지전능하신 하나님과 맞장구를 칠 수 있다.

기도의 배짱을 부려라

주님은 단순하게 약속하셨다. "구하라, 그러면 너희에게 주실 것이요…(마7:7)." 어떤 수식어도 붙어 있지 않다. "구하라." 네 마음대로 구하라는 것이다. 그렇다면 큰 것, 어려운 것, 중요한 것을 구해야 하겠다. 진지한 기도만이 능사가 아니다. 거창한 기도도 할 수 있어야 한다. 거창한 기도라도 자꾸 하다 보면 어느 날 마음에 겨자씨 한 알만한 믿음이 생기기 시작한다. 그러면 기도한 대로 된다. 기도의 성공은 어느 날 믿음의 성공을 가능하게 한다. 겁먹지 말고 당당하게 크고 어렵고 중요한 것을 구할 수 있어야 하겠다.

"나는 너를 애굽 땅에서 인도하여 낸 여호와, 네 하나님이니 네 입을 넓게 열라, 내가 채우리라 하였으나(시81:10)." 하나님은 출애굽 사건의 주역이시다. 내 집안은커녕 내 인생 하나를 구출하려고 해도 휘청

거린다. 그런데 하나님은 200만 명의 히브리 노예민족을 일시에 애굽에서 탈출시키셨다. 출애굽 사건은 구약성경에서 가장 위대한 기적이다. 엘리야가 죽은 자를 살린 것보다 훨씬 더 위대하다. 그래서 엘리야는 자신이 열조, 그러니까 모세보다 못하다며 하나님께 생떼를 쓴 게 아닐까(왕상19:4). 구약성경은 곳곳에서 출애굽 사건의 주역이신 하나님을 칭송하고 있다.

하나님은 이 출애굽 사건을 가능하게 한, 자기 자신의 능력을 걸고 약속하신다. 그것도 모자라 자기 자신의 이름까지 거신다. "여호와, 네 하나님이니." 하나님은 자기 자신보다 더 높은 분이 없으니 자기 자신의 이름을 걸고 약속하실 수밖에 없다. 하나님은 출애굽 사건을 가능하게 한 자기 자신의 능력을 걸고 또 자기 자신의 이름을 걸고 약속하신다. 그러니 안심하고 입을 넓게 열어 구하라는 것이다.

그러나 애석하게도 군더더기 말이 붙어 있다. "하였으나." 그렇게까지 하나님이 보장하시는데도 구하지 않는다는 것이다. 성경을 하나님의 법이라고도 하지만 먼저는 하나님의 약속이다. 구법성경, 신법성경이라고 하지 않고 구약성경, 신약성경이라고 하는 이유다.

하나님께서 아브라함에게 주신 약속이 모세에게 주신 법보다 430년이나 앞선다. 그렇기 때문에 약속에 대한 믿음이 법에 대한 준수를 우선하지 않을 수 없는 것이다. "…하나님의 미리 정하신 언약을 사백삼십 년 후에 생긴 율법이 없이 하지 못하여 그 율법을 그 약속을 헛되게 하지 못하리라. 만일 그 유업이 율법에서 난 것이면 약속에서 난 것이 아니리라. 그러나 하나님이 약속으로 말미암아 아브라함에게 은혜로 주신 것이라(갈3:17~18)."

하나님이 아브라함에게 좁게는 가나안 땅을, 넓게는 세상을 주겠다고 약속하셨다(창17:4~8, 롬4:13). 아브라함은 굳세게 믿었다. 그러자 하나님이 그를 의롭다고 하셨다. "믿음이 없어 하나님의 약속을 의심치 않고 믿음에 견고하여 져서 하나님께 영광을 돌리며 약속하신 그것을 또한 능히 이루실 줄을 확신하였으니 그러므로 이것을 저에게 의로 여기셨느니라(롬4:20~22)." 법은 지켜야 하지만 약속은 믿어야 한다. 기독교는 준법의 종교이기 전에 믿음의 종교다. 의롭게 되는 것은 준법이 아니라 믿음이다. 왜 그런가. 창조사역도, 구원사역도 하나님이 다 하셨기 때문이다. 우리가 보탤 것이라고는 아무 것도 없다. 우리는 이미 하나님이 해 놓으신 창조와 구원을 믿음으로 받아들이고 누리면 된다. 그렇기 때문에 믿음으로 의롭게 되는 것이다. 과연 기독교는 하나님이 다 해 놓으시고 우리로 하여금 누리게 하는 은혜의 종교요, 약속의 종교요, 믿음의 종교다. 은혜와 약속과 믿음은 기독교의 삼두마요, 준법은 그 뒤를 따르는 수레다. 믿음이 핵심이다. 믿음의 그릇이 은혜의 용량을 결정하기 때문이다. 믿음의 그릇이 웅덩이면 은혜의 용량도 그렇고 믿음의 그릇이 바다면 은혜의 용량도 그렇다.

주님의 은혜는 장대비처럼 무제한적이지만 우리의 믿음이 다르기에 우리가 받는 은혜의 용량도 다르게 되는 것이다. 그냥 은혜가 아니라 믿음으로 작동되는 은혜다. "또한 그로 말미암아 우리가 믿음으로 서 있는 이 은혜에 들어감을 얻었으며…(롬5:2)."

우리는 믿음을 키워야 한다. 믿음의 성공이 기도의 성공을 보장한다. 엘리사는 자기 자신을 위해, 자기 나라를 위해 믿음의 배짱을 가지고 어려운 것을 구했고 그렇게 응답받았다. "…엘리야가 엘리사에게 이르되 나를 네게서 취하시기 전에 내가 네게 어떻게 할 것을 구하라. 엘리사가 가로되 당신의 영감이 갑절이나 내게 있기를 구하나이다. 가로되 네가 어려운 일을 구하는도다…(왕하2:9~10)."

이왕에 구하려면 어려운 것을 구하는 것이 좋다. 하나님께는 어려운 것이나 쉬운 것이나 마찬가지이기 때문이다. 야베스는 자기 자신을 위해, 자기 집안을 위해 큰 것을 구했고 그렇게 응답받았다. "야베스가 이스라엘 하나님께 아뢰어 가로되 원컨대 주께서 내게 복에 복을 더하사 나의 지경을 넓히시고 주의 손으로 나를 도우사 나로 환난을 벗어나 근심이 없게 하옵소서 하였더니 하나님이 그 구하는 것을 허락하셨더라(대상4:10)."

구약성경의 하나님이 출애굽 사건을 걸고 약속하셨다면 신약성경의 하나님은 십자가 사건을 걸고 약속하신다. "자기 아들을 아끼지 아니하시고 우리 모든 사람을 위하여 내어주신 이가 어찌 그 아들과 함께 모든 것을 우리에게 은사로 주지 아니하시겠느뇨(롬8:32)." 출애굽 사건이 하나님의 능력이라면 십자가 사건은 하나님의 희생이다. 십자가 사건이 출애굽 사건보다 훨씬 더 강력하다. 이제 하나님은 자기 아들의 희생을 걸고 우리더러 모든 것을 다 주시겠다는 것이다. 우리는 이 약속을 믿고 기도의 배짱을 부릴 수 있어야 한다.

기독교는 하나님의 약속에 대한 믿음의 종교다. 우리가 하나님의 약속을 믿고 예수님의 이름으로 기도하면 응답받게 돼 있다. "하나님의 약속은 얼마든지 그리스도 안에서 예가 되니 그런즉 그로 말미암아 우리가 아멘 하여 하나님께 영광을 돌리게 되느니라(고후1:20)." 우리가 예수님의 이름으로 기도해 응답받으면 그것 자체가 하나님께 영광이 된다. "내가 진실로 진실로 너희에게 이르노니 나를 믿는 자는 나의 하는 일을 저도 할 것이요, 또한 이보다 큰 것도 하리니 이는 내가 아버지께로 감이니라. 너희가 내 이름으로 무엇을 구하든지 내가 시행하리니 이는 아버지로 하여금 아들을 인하여 영광을 얻으시게 하려 함이라(요14:12~13)." 여기서 예수님은 우리에게 기도응답의 확신을 심어주시려고 '진실로', 그러니까 '아멘'이라는 말을 두 번이나 초두에 사용하신다. 보통 아멘은 약속의 선포 다음에 위치한다. 그런데 두 번이나 초두에 아멘을 사용하심으로써, 예수님은 약속의 진실성을 확증하신 것이다.

예수님은 아멘을 선포하시는 분이요, 친히 아멘이시다(계3:14). 그렇기 때문에 하나님의 모든 약속, 특히 기도응답의 약속은 예수님 안에서 이루어질 수밖에 없는 것이다. "…내가 진실로 너희에게 이르노니 만일 너희가 믿음이 있고 의심치 아니하면 이 무화과나무에게 된 이런 일만 할 뿐 아니라 이 산더러 들려 바다에 던지우라 하여도 될 것이요, 너희가 기도할 때에 무엇이든지 믿고 구하는 것은 다 받으리라 하시니라(마21:21~22)." 여기서도 예수님은 '진실로', 그러니까 '아멘'을 앞장세우면서 약속의 진실성을 힘써 보장하신다. 이제 우리에게 필요한 것은 믿음의 기도다.

남들이 보기에, 산이 들려 바다에 던져질 것을 믿는 사람은 '믿음의 또라이'요, 그렇게 기도하는 사람도 '기도의 또라이'다. 그러나 남들이 뭐라고 하든, 우리는 무엇이든지 믿고 구하는 '또라이'가 돼야 하겠다. "내 이름으로 무엇이든지 내게 구하면 내가 시행하리라(요 14:14)." 믿음에 성공하고 기도에 성공해야 한다. 주저 없이 믿고 가차 없이 구해야 한다. 이왕에 구하려면 크고 어려운 것을 구해야 한다.

후기
무한경쟁시대의 크리스천 현실주의

사람들이 예전과 많이 달라진 것 같다. 쉽게 동조하지 않는다. 냉정하게 평가하고 시큰둥하게 반응한다. 초특급 원로목회자들이 눈물을 흘리며 회개해도 감동하지 않는다. "그래서 뭐가 어쨌다는 거냐?"는 평가다. 어느 목회자가 크게 교회를 부흥시켰다고 해도, 어느 부흥사가 수많은 부흥설교를 했다고 해도, 어느 크리스천 기업인이 크게 기업을 일구었다고 해도, 어느 크리스천 학생이 세계일류 대학교에 합격했다고 해도 시큰둥한 반응이다. 더 이상 성공 그 자체에 열광하지 않는다. 그 성공으로 얼마나 십자가 희생정신을 구현했느냐고 반문한다. 공동체 전체가 위기상황이라면 개별적인 성공은 그 의미가 퇴색될 수밖에 없다. 개인, 개기업, 개교회의 성공이 공동체의 성공을 보장하지 못한다.

지난 10년간 주님은 우리나라에 3차례의 경고장을 보내신 듯하다. 1997년 IMF 경제위기, 2002년 북한핵 안보위기, 2005년 교세위축 교회위기다. 특히 10년간 교인수가 14만 4,000명 감소한 교회위기는 외양을 자랑하는 개신교계를 향하신 주님의 최후통첩처럼 느껴져 두렵다. 처방전은 하나뿐이다. 십자가 정신의 회복이다. 사탄처럼 가장 높은 꼭대기의 성공을 꿈꾸는 꼭대기 정신(사14:13~15)을 버리고 주님처럼 가장 낮은 골짜기의 고난도 마다하지 않는 십자가 정신(빌2:5~11)으로 재무장해야 한다.

십자가 정신은 독수리처럼 하늘의 꼭대기로 치솟으려는 게 아니다. 두더지처럼 현실의 밑바닥으로 파고드는 것이다. 저 천국이 아니라 이 땅의 현장에 하나님의 뜻을 심는 땀과 눈물과 피다. 날개를 접고 골짜기로 내려가 거기서 어려운 사람들과 더불어 고민하고 나누며 사는 것이다. 이 십자가 정신을 회복할 때, 교회는 다시 사회더러 "똑바로 하라"고 외칠 수 있겠다. 그렇지 않으면 맛을 잃은 소금이 밟히듯이, 사회가 교회더러 "똑바로 하라"며 밟을 것이다.

목회자든지, 교인이든지 떼로 모여 눈물을 흘리고 끝에 가서 성명서를 낭독하는 따위의 이벤트로는 십자가 정신을 회복할 수 없다. 십자가 정신은 이 땅의 현장을 깊이 이해하고 그 밑바닥으로 들어가 거기서 주님처럼 살점을 떼어주는 희생이다.

초대교회를 집요하게 괴롭혔던 영지주의 이단은 음식, 육체, 결혼을 하찮게 보기도 했다. 심지어 예수 그리스도의 육체적인 특성까지도 부인했다(요일4:1~3, 요이1:7).

이 세상, 땅, 물질, 육체는 부정한 게 아니다. 부정하다면 왜 부활의 주님이 육체를 갖고 계시며 장차 우리도 부활 후 영원히 육체를 덧입게 될 것인가. 저 사이비 천국의·영적인 것을 신봉하고 이 세상의 물질적인 것을 멸시하는, 영지주의적인 이단들은 초대교회 이후 기독교 교회사에서도 계속 별똥별처럼 명멸했다. 영적인 것에 집착하기 때문에 처음에는 대단한 기세를 내뿜지만 어느 새 김빠지듯이 꼬리를 내리게 된다.

이 순간에도 영지주의적인 이단들이 정통으로 가장한 채, 안팎에서 교회공격을 계속하고 있을 것이다. 저 천국의 영적인 것만을 지나치게 강조하는 영지주의 이단들이 아무리 기세등등하게 출발한다 해도, 그 끝은 사라지는 연기다. 그렇기 때문에 저들에게 현혹되지 말고 잠잠히 분별하는 여유가 필요하다.

"주님의 손이 아니라 주님의 얼굴을 구해야 한다"며 청중의 가슴을 후려치는 영성집회 강사들을 보게 된다. 백번 옳다. 그러나 조심해야 할 메시지다. 현실의 정글에 직면해 있으면서 그것을 뚫고 나가는 방법을 애써 배우려 하지 않는 것은 위험하다. 그나마 게으르게 사는 신앙인들이 주님의 얼굴을 구한다며 현실을 도피하려는 자기 속임의 빌미가 되면 안된 것이다.

이 책은 '크리스천 현실주의'를 주창한다. 영적이지 말아야 한다거나 세상적이어야 한다는 게 결코 아니다. 늘 주님의 임재와 은혜를 갈구하면서도 현실감각의 칼끝을 날카롭게 다듬어야 한다는 것이다. 신앙과 현실 사이에 불꽃이 튀는 접전이 있어야 한다는 것이다. 우리는 이 땅의 현실에 주님의 왕국을 건설하기 위해 투신해야 한다.

그러려면 먼저 교회공동체, 사회공동체, 인류공동체의 번영을 위한 시대별 청사진을 성경적으로 꾸준히 제시해야 한다. 교회부흥, 사회발전, 인류공영이 함께 가야 하기 때문이다. 그리고 실제적으로 사회안전망, 교육안전망, 복음안전망을 구축하는 데도 투신해야 한다.

크리스천 성장론자들은 마태복음 25장의 달란트 비유를 거론하며 무한경쟁의 성장에 대해 말하기를 즐긴다. 이에 반해 크리스천 진보론자들은 레위기 25장의 희년법 또는 마태복음 20장의 포도원품꾼 비유를 근거로 분배의 정의에 대해 촉각을 곤두세운다.

거시적이고 일방적인 공동체 발전의 전망을 이야기하는 데는 전자가 타당한 듯 보인다. 하지만 미시적이고 다양한 공동체 안전망을 짜는 데는 후자가 더 옳아 보인다. 따라서 우리의 과제는 마태복음 25장의 달란트 비유와 마태복음 20장의 므나 비유의 절묘한 조합을 실행함으로써, 하향평준화를 막고 상향평준화를 이루는 것일 테다.

지속적인 경제성장의 동력을 반드시 유지해야 하지만, 사회적인 약자들에 대한 안전장치를 마련하지 않고서는 결코 주님의 나라를 이야기할 수 없다. 주님은 모든 사람들 중에서 특히 가난한 사람들에게 관심을 집중하셨기 때문이다. "주의 성령이 내게 임하셨으니 이는 가난한 자에게 복음을 전하게 하시려고 내게 기름을 부으시고 나를 보내사 포로된 자에게 자유를, 눈 먼 자에게 다시 보게 함을 전파하며 눌린 자를 자유케 하고 주의 은혜의 해를 전파하게 하려 하심이라 하였더라(눅4:18~19)."

주님의 구원은 당연히 무차별이다(딤전2:4). 그럼에도 주님은 편애라고 지적될 정도로 사회적인 약자들의 영혼육을 살리는 데서 자기 정체성을 재확인하시곤 했다. "소경이 보며 앉은뱅이가 걸으며 문둥이가 깨끗함을 받으며 귀머거리가 들으며 죽은 자가 살아나며 가난한 자에게 복음이 전파된다 하라(마11:5)." 이 땅에 주님의 왕국이 건설된다는 것은 모든 사람들 중에서, 특히 가난한 사람들의 영혼육이 치유되고 회복되는 것에 편중될 것이다. 그렇기 때문에 우리는 가난한 사람들의 육체적인 생존과 안전을 보장하는 사회안전망을 건설하는 것은 물론 저들의 정신적인 성장을 보장하는 교육안전망도 건설해야 한다. 먹고 사는 것이 보장된다 해도 교육이 없으면 가난이 대물림될 수밖에 없기 때문이다.

더 나아가 저들에게 복음이 전파되는 복음안전망까지 가동해야 한다. 가난하면 먹고 사는 데 시간을 투자하기에 복음에 노출될 기회가 그만큼 적어진다. 부유한 사람들은 돈으로 시간을 살 수 있기에 복음을 들으며 배울 수 있지만 가난한 사람들은 여지가 없다. 가난한 사람들에게 와서 듣고 배우기를 강요하지 말아야 한다. 가서 전하고 가르치는 복음안전망을 쳐야 한다. 기득권의 문턱을 높인 채, 오라고만 할 게 아니라 기득권층을 중심으로 복음의 하방운동이 일어나야 한다. 가난한 사람, 가난한 교회, 가난한 지역으로 복음이 침투돼야 하는 것이다. 주 예수님은 하나님의 아들이신데 이 땅으로 오셨고 최상의 목자이신데 아주 변두리에서(마4:12~16) 목회하셨다. 때문에 유능한 목회자일수록 주님을 닮아 변두리로 가야 한다. 하지만 우리의 실상은 정반대인 듯하다.

유능한 목회자일수록 중심부로 치닫지 않는가. 주님을 닮는 게 소원이라고 하면서도 말이다.

　가난한 사람들을 위해 사회안전망, 교육안전망, 복음안전망을 던지는 것은 지금도 여전히 주님의 뜻이다. 골짜기 인생은 평지로 끌어올려져야 하고 평지 인생은 힘써 산으로 올라가야 한다. 꼭대기 인생은 이제 스스로 골짜기로 내려가야 한다. 이런 탕평책이 주님의 뜻이다. 간혹 목회자 납세문제나 연봉문제를 거론하며 교회개혁을 외치는 목회자들도 있다. 신선해 보이나 이들 역시 부자동네의 울타리를 벗어나지 못하고 있다. 부자들끼리의 평준화는 개혁이 아니다. 골짜기 인생들을 이해하고 골짜기로 내려가는 탕평책이 개혁이다.

　어느 담임목회자가 부교역자더러 충분한 사례비를 줄 테니 심방촌지를 받지 말라는 부탁을 해서 새 시대의 리더라는 칭찬이 난무했다고 한다. 다 부자동네의 이야기다. 골짜기 인생들을 심방하면 촌지를 받기는커녕 촌지를 줘야 한다. 모든 분야에서 꼭대기는 깎아내리고 골짜기는 돋우는 탕평책, 이것이 주님의 뜻이다. 이 주님의 뜻을 실현하기 위해 우리는 먼저 우리의 역량을 극대화하는 자기훈련에 힘써야 한다. 치열한 자기훈련을 통해 정상체험을 하고 그래서 더 큰 역량으로 밑바닥을 끌어올려야 하는 것이다. 치열한 자기훈련과 정상체험, 그리고 자기희생의 하방운동이 우리의 사명이다.

　이 책은 현실적인 감각을 키우고 치열한 자기훈련을 쌓으며, 주님의 은혜를 받아서 주님의 일꾼으로 쓰이게 하는 데 무게중심을 두고 있다. 책상머리의 단순한 이론가가 아니라 현장중심의 치열한 활동가를 만들자는 것이 이 책의 관심사다.

나는 대학생모임 'Young Core', 직장인모임 'J Core', 사업가모임 'V Core'를 이끌면서 현장을 살아가야 하는 크리스천들에게 발톱을 달아주려고 애쓴다. 현장은 무한경쟁의 정글인데 생쥐라도 잡으려면 발톱을 치켜들어야 하지 않겠는가. 많은 크리스천들이 발톱도 달지 않고 둥지 밖의 무자비한 사냥터로 내몰리는 것을 보면 안타깝다. 무한경쟁시대를 사냥하려면 단단한 발톱으로 무장해야 하는데도 말이다. 이런 안타까움이 이 책을 쓰게 했다. 이 책을 넘기는 크리스천마다 신앙의 발톱과 현실의 발톱으로 단단히 무장하는, 진리의 전사가 되면 좋겠다.

이 땅에 하나님의 뜻을 심고자 하는 크리스천이라면 부뚜막 강아지로 머물러서는 안 된다. 더 따습고 안락한 곳을 찾아 아궁이 안을 뒤지다가 털까지 태우는 부뚜막 강아지에게 어찌 사냥을 기대하겠는가. 현장의 정글을 달리며 호랑이에게 날카로운 발톱을 치켜드는 사냥개 무리로 변신해야 한다. 그냥 맛있어서 먹는 양식이 있는가 하면 힘을 내려고 먹는 양식이 있다. 먹고 나면 어느 새 날카로운 발톱이 생기는 양식도 있다. 이 책을 먹는 크리스천마다 진리의 발톱이 돋아나기를 소망해 본다.

당연히 이 책에 모자람이 있다. 이 책이 이 땅에 주님의 나라를 일구는, 치밀하고 구체적인 방법을 일일이 다 말해 주지는 않는다. 이 책이 주는 통찰력도 특정시점, 특정주제에 머물러 있다. 이 책이 집필되는 순간에도 나의 통찰력은 성령 하나님 안에서 흐르는 물처럼 진화하고 있다.

더 심층적이면서 통합적인 통찰력은 다음 기회로 넘겨야 하겠다. 현실감각의 날을 세우고 자기훈련의 내공을 쌓으며, 주님임재의 은혜로 철저히 무장하자. 그래서 각자의 악한 현실을 파괴하고 선한 현실을 건축하는 현실주의 크리스천이 되자. "보라, 내가 오늘날 너를 열방 만국 위에 세우고 너로 뽑으며 파괴하며 파멸하며 넘어뜨리며 건설하며 심게 하였느니라(렘1:10)."

이 책을 읽는 크리스천마다 주님을 위해, 그리고 주님의 왕국건설을 위해 각자의 밑바닥 현장에서 목숨을 거는 밑바닥 핵심일꾼, 곧 Core로 거듭나길 기원한다. 주님의 Core는 화려한 꼭대기에서 나부끼는 깃발이 아니라 고단한 밑바닥 현장을 파고드는 누룩 한 알, 겨자 한 알, 밀 한 알이고자 한다. 숫자와 외양중심의 대중집회를 지양하고 이런 Core를 양성하는 Core Mission이 전국 방방곡곡의 밑바닥에서 누룩처럼 번질 때, 우리나라의 개신교 교회는 한반도 통일 후의 동북아시아는 물론 세계까지도 섬기는 제사장나라의 직분을 감당할 수 있을 것이다.

2007년, 여전히
말씀한국, 예수한국, 창조한국, 부흥한국을 꿈꾸며….

김종춘 목사